D1670295

Wie das Rotkehlchen zu seiner roten Farbe kam ...

Die drei Spatzen

In einem leeren Haselstrauch,
da sitzen drei Spatzen, Bauch an Bauch.

Der Erich rechts und links der Franz
und mittendrin der freche Hans.

Sie haben die Augen zu, ganz zu,
und obendrüber, da schneit es, hu!

Sie rücken zusammen dicht an dicht.
So warm wie der Hans hat's niemand nicht.

Sie hör'n alle drei ihrer Herzlein Gepoch.
Und wenn sie nicht weg sind, so sitzen sie noch.

Christian Morgenstern

Wie das Rotkehlchen zu seiner roten Farbe kam ...

Wintergeschichten von unseren
gefiederten Gästen

benno

Inhaltsverzeichnis

3. Kapitel: Am Gabentisch finden alle Platz

1. Kapitel
Willkommen liebe Gäste

Vom Königreich der Sperlingsmenschen

Vor vielen Jahren lebte ein alter Mann, der war sehr arm. Er besaß nicht einmal eine Hütte, sondern wohnte mit seiner Frau oben am Berge in einer Höhle. Oft ging es ihnen so schlecht, dass die Frau am Morgen mit einer Nussschale die Buchweizenkörner abmessen musste, die sie zu Mittag essen durften. Dabei waren sie aber noch mitleidig, und wenn im Winter Schnee gefallen war, dann fanden sich vor der Höhle die kleinen Vögel ein; denn sie wussten, dass der gute Alte mit ihnen teilte. Einmal war der Mann an einem kalten Wintertage zum Holzfällen in den Wald gegangen. Da fand er auf dem harten Wege einen halberfrorenen Sperling. Er hauchte ihn warm und trug ihn an seinem Busen mit nach Hause. Als die Frau ihn sah, schalt sie, dass nun jeden Tag noch ein Esser mehr sein sollte.

Der Alte aber sagte: „Es soll unser Kind sein."

Da wurde sie still und war es zufrieden, denn sie hatten keine Kinder. Der hungrige Vogel war vom ersten Augenblick zahm und zutraulich zu den Alten. Er nahm sein Futter aus ihrer Hand und trank aus ihrem Becher. Als sie sich am Abend vor das Feuer setzten, flog er dem Alten von selber auf die Schulter, blies die Federn auf und nestelte sich behaglich in sich zusammen. Darüber waren die Alten ganz glücklich und gaben ihm den schönsten

Namen, den sie sich ausdenken konnten. Den Winter hindurch war der Sperling ihre Sorge und ihre Freude. Wenn die Sonne schien, flog er hinaus zu den anderen Vögeln; war das Wetter schlecht, blieb er in der Höhle. Er hörte, wenn er gerufen wurde, und begleitete den guten Alten, wohin er ging.

Als aber der Frühling kam und die Berge grün wurden, war er eines Tages verschwunden. Ängstlich riefen die Alten nach ihm in der Höhle und auf ihrem kleinen Felde, doch er kam nicht. Der Mann ging auf den Hof des reichen Nachbarn; aber der stand mit einer Klapper vor seinem Hause und hatte alle kleinen Vögel verscheucht.

Da lief der Alte eilends hinab nach der Quelle, wo sein Sperling mit anderen kleinen Vögeln zu spielen pflegte; doch als er unten ankam, fielen die Abendschatten ins Tal, und kein Vogel ließ sich mehr sehen. Traurig stieg der Alte wieder hinauf. Vor der Höhle stand seine Frau und schaute nach ihm aus. Als sie hörte, dass er vergebens gesucht hatte, wurde sie zornig und schalt auf das undankbare Tier.

Der gute Alte verwies es ihr und sagte: „Frau, du tust unrecht. Kannst du es ihm verdenken, dass er lieber in die Welt hinaus fliegt, durch die helle Luft über Berg und Meer bis in des Kaisers Garten, statt hier bei uns langweiligen, alten Leuten in der Höhle zu hocken? Er ist noch so jung und unverständig. Und wer weiß, vielleicht kommt er wieder, wenn es kalt wird."

Doch davon wollte sie nichts hören. Im Herzen aber grämte sich der Alte viel mehr als sie; denn er fürchtete, es könnte seinem Liebling ein Unglück zugestoßen sein. Nicht lange darauf war er zum Reisiglesen in den Wald gegangen. In seinem Kummer hatte er des Weges nicht geachtet und war in eine Wildnis geraten, die er früher nie besucht hatte. Als er sich nach der Richtung umsah, glaubte er auf einmal seines Sperlings Stimme zu hören. Er warf sein Reisigbündel fort und eilte dem Klange nach, so schnell ihn seine Füße trugen.

Da stand er plötzlich vor einem Abhange und sah mit Staunen vor sich ein weites Tal mit vielen schönen Häusern und Gärten, das er nie gekannt hatte. Es führte ein Weg den Abhang herauf, und auf diesem bewegte sich in goldenen und seidenen Gewändern ein Zug vornehmer Menschen mit Sperlingsköpfen. Der vorderste aber, der schönste und vornehmste von allen, war der Gast, den er einen ganzen Winter gepflegt hatte.

In seiner Freude wollte ihm der Alte entgegeneilen, aber da kam ihm der Gedanke, es könnte den vornehmen Jüngling genieren, dass ihn so ein armer, alter Mann kannte, und er trat vom Wege zurück in den Busch und verneigte sich tief. Aber der Jüngling in den goldenen Gewändern eilte auf ihn zu, umarmte ihn wie ein Sohn und zeigte ihn den andern. Sie kannten ihn alle, begrüßten ihn freundlich und nahmen ihn mit ins Tal. Dort führten sie ihn in ihre Wohnungen und Paläste, die waren so herrlich, wie der Alte nie etwas gesehen hatte. Sie gaben ihm zu essen und zu trinken und richteten ein großes Fest an. Der gute Alte schämte sich, dass ihm so viel Ehre geschah; aber bald war er fröhlich mit den anderen. Am Abend fiel ihm ein, dass er nach Hause müsste zu seiner Frau. Er dankte seinen Wirten und nahm Abschied. Sie wollten ihm viele schöne Dinge schenken, aber er lehnte es ab, sie hätten ihm schon zu viel gegeben. Da brachte ihm noch sein Schützling einen einfachen, verschlossenen Korb, den nahm er an für seine Frau. Sie führten ihn an einen Richtweg, und ehe er sich's versah, war er in wohlbekannter Gegend.

Als er seiner Frau erzählt hatte, wie es ihm ergangen, machte sie neugierig den Korb auf, aber sie fand ihn ganz leer. Da stieß sie ihn beiseite und sagte: „Was sollen wir mit dem alten Bauernkorb! Wenn sie so reich sind, hätten sie dir auch was Besseres geben können."

Der gute Alte hob den Korb auf und sagte, als er auch nichts darin fand: „Ich wollte, sie hätten mir ein Stück von dem schönen Kuchen für dich hineingelegt!"

Kaum hatte er die Worte gesprochen, so verbreitete sich ein lieblicher Duft in der Höhle, und in dem Korbe lag von demselben prächtigen Gebäck, das ihm die Sperlingsleute vorgesetzt hatten. Und das Wunder hielt an: Was er sich wünschen mochte, brauchte er nur zu nennen, dann fand er es in dem Korbe liegen.

Als der reiche Nachbar von dem Glück hörte, ging er zu dem Alten, ließ sich die ganze Geschichte erzählen und fragte genau nach dem Wege. Dann eilte er nach Hause, zog sich wie ein armer Holzfäller an und wanderte in den Wald. Richtig fand er auch das Tal jenseits der Berge; aber niemand kam ihm entgegen. Er stieg hinab, trat in die Häuser und erzählte den Leuten,

was für ein guter Mensch er sei. Sie gaben ihm auch zu essen und zu trinken, als er sie darum bat, und am Abend, als er fort wollte und von einem Geschenke für seine Frau zu reden anfing, brachten sie zwei verschlossene Körbe getragen, einen großen und einen kleinen. Mit gieriger Freude griff er nach dem größeren und schleppte die schwere Last mühsam nach Hause. Aber als er ihn abgesetzt und sich ihn von unten bis oben voll Geld gewünscht hatte, da flog der Deckel ab, und es kroch ein furchtbares Gespenst heraus, das konnte kein Priester und kein Zauberer aus seinem Hause bannen.

Ein anderer Nachbar dachte, er wollte es klüger anfangen, ging zu dem guten Alten und sagte: „Leih mir doch deinen Wunderkorb auf ein Stündchen, dass ich mir auch etwas wünsche. Du hast ihn ja schon lange genug, und ich bringe ihn noch heute zurück."

Freundlich gewährte ihm der Alte die Bitte. Als der Nachbar den Korb nach Hause trug, dachte er, was er sich nun alles wünschen wollte, um die Zeit auszunutzen. Er wollte ihn so spät wie möglich zurückbringen, wenn er auch den Heimweg bei Nacht antreten müsste. Oder er wollte ihn lieber noch die Nacht zu Hause behalten und ihn am nächsten Morgen früh zurücktragen, dann könnte er die ganze Nacht aufbleiben und sich wünschen, dass er für sein Leben genug hätte. Noch besser wäre, er behielt ihn gleich den nächsten Tag über; eine Entschuldigung sei ja schnell gefunden. Übrigens wäre es wohl auch früh genug, wenn er den Korb in der nächsten Woche oder im nächsten Monat zurückschickte; der Alte könnte ihn immer noch behalten, solange er lebte.

Aber was geschah? Als er in seinem Hause den Korb niedergesetzt und den ersten Wunsch ausgesprochen hatte, zischte es unter dem Deckel wie Tausend Schlangen. Da wagte er nicht, ihn zu berühren, lief hinaus und schickte einen Knecht hinein, der musste ihn dem Alten zurücktragen.

Nun lebte der gute Alte mit seinem Weibe noch lange Jahre in Glück und Frieden und wurde ein Segen für sein ganzes Land. Aus weiter Ferne kamen die Unglücklichen zu ihm und baten um Hilfe. Den Armen konnte er Brot, den Kranken heilkräftige Arznei geben.

Als er aber sein Ende nahe fühlte, da fürchtete er, der Korb könnte bösen Menschen in die Hände fallen, und so trug er ihn eines Tages wieder hinaus zu dem Sperlingsvolk in den Wald. Da ist er noch jetzt, und wenn du willst, kannst du ihn holen.

Verfasser unbekannt

Vögel im Winter

Das Vogelgasthaus ist bereits offen.
Dass sie bald kommen, will ich hoffen,
die Gäste, denen der Tisch gedeckt
im Winter, und denke, dass es schmeckt.

„Seid gegrüßt, Amsel, Elster, Zeisig!
Ist das Wetter erst mal richtig eisig,
werdet ihr draußen wenig Futter finden,
außer vielleicht Insekten in der Bäume Rinden.

Larven und was Eichelhäher vergraben.
Zurzeit ist es für euch noch zu haben."
Samen, Nüsse, Sonnenblumenkerne,
picken Kleiber und Meisen gerne.

„Doch bald liegt sicher fester Schnee,
dann seid ihr arm dran. O weh! O weh!
Seid nicht schüchtern, kommt bald herbei!
Kommt ihr Gefiederten, es ist alles frei!"

Irmgard Adomeit

Das Rotkehlchen

Ein Rotkehlchen kam in der Strenge des Winters an das Fenster eines Bauernhauses. Da öffnete der Bauer das Fenster und nahm das zutrauliche Tier freundlich in seine Wohnung. Es pickte die Brosamen und Krümel auf, die von seinem Tisch fielen. Auch die Kinder des Bauern gewannen das Rotkehlchen lieb. Als aber der Frühling ins Land kam und die Bäume wieder grün wurden, da öffnete der Bauer das Fenster, und der kleine Gast flog in das nahe Wäldchen und baute sein Nest.

Als der Winter wiederkehrte, kam das Rotkehlchen erneut in die Bauernstube; diesmal hatte es sein Weibchen mitgebracht. Der Bauer mit seinen Kindern freute sich sehr, als sie die beiden Tierchen sahen. Und die Kinder sagten: „Die Vögelchen sehen uns an, als ob sie etwas sagen wollten."

Da antwortete der Vater: „Wenn sie reden könnten, so würden sie sagen: Freundliches Zutrauen erweckt Zutrauen, und Liebe erzeugt Gegenliebe."

Aus Deutschland

Die Finken sind wieder da

Die Birnen wurden reif und die Pflaumen wurden reif, sie nahmen die Äpfel von den Bäumen, und dann hackten sie die Kartoffeln aus der Erde. Statt Sonnenschein gab es nun Wolken und Regen, und der Wind pfiff viele Tage um das Haus. Das Jahr neigte sich seinem Ende zu.

Nicht zu allen Zeiten mehr konnte der Thomas im Garten spielen, manche Stunde saß er bei seinen Sachen im Kinderzimmer. Wenn ihm das aber langweilig wurde, stieg er auf den dämmrigen Hausboden hinauf, und da fand er zwischen altem, enggestapeltem Hausgerät, Koffern voll seltsam riechender Kleider, Flaschen, Vasen, Schachteln und Kisten, dem Tannenbaumschmuck des vorigen Jahres kein Ende des Entdeckens, Bauens, Spielens. Ganze Entdeckungsreisen konnte er machen, über die sorgsam geschaufelten, glattgerechten Futterhaufen des Herrn Schulz bis fort in die fernsten, dunkelsten Winkel, wo ein altes Steuerruder stand und wundervoll bunte Bilder, mit dem Gesicht zur Wand, und Koffer, vollgeklebt mit vielfarbigen Zetteln.

Dort, in einem solchen Winkel war es, dass er einen kleinen Karton fand mit seltsam haarigen Halbschalen an langen Drähten, Dingen, deren Verwendung man sich mit keinem Gedanken ausdenken konnte und die doch eine vage Erinnerung an Eis, Kälte, Gezwitscher aus seinem vergangenen Leben wachriefen. Dieses schemenhafte Erinnern machte es vielleicht, dass er, den Karton

mit beiden Armen vor der Brust haltend, seinen Rück-
marsch antrat. Mit Roggen füllte er seine Schuhe und mit
Erdnusskuchenschrot puderte er sie, aber er kam bis zur
Treppe, die hinabführte in die wärmeren, helleren Bezirke
der Einwohner.

Die Bodentreppe war steil, ein Fünfjähriger musste immerhin mindestens an einer Seite das Geländer anfas-
sen. Damit aber war der Karton nicht mehr tragbar – und
in diesem Zwiespalt nahm Thomas ihn und warf ihn von
sich voraus die Treppe hinunter.

Was man so die Ungezogenheiten der Kinder nennt,
ist oft nur ihr Mangel an Erfahrung. Hätte Thomas das
Geschepper und Geklapper der holzigen, haarigen Halbschalen auf den Treppenstufen vorausgesehen, sicher
hätte er eine andere Beförderungsart gewählt. So aber
stand er verblüfft noch oben, als unten auf der einen Seite der Vater aus seinem Arbeitszimmer, auf der andern
die Mutter aus der Küche gestürzt kamen. Meinten sie
doch, ein Kind Tom liege auf dem Flur, in viele Stücke
zerbrochen. Es waren aber nur ...

„Sieh da, die Kokosschalen!", sagte Frau Dete, etwas
spitz. „Zips, hast du mir nicht vorigen Winter gesagt, sie
seien verschwunden?!"

„Und das waren sie auch!", antwortete Herr Rogge. „Den
ganzen Boden habe ich nach ihnen umgedreht. Weiß der
Henker, woher sie jetzt gekrochen kommen!"

„Man muss euch Männer nur einmal forträumen und
dann wieder holen lassen", murmelte die Frau, aber doch
immerhin so leise, dass Herr Rogge es mit Anstand und
ohne Feigheit überhören konnte.

„Thomas, mein Sohn!", rief er. „Du hast helle Buxen an,

es hat keinen Zweck, dass du dich da oben ins Dunkle zurückziehst, man sieht dich doch. Steige herab, du gewaltig lärmendes Kind, und erzähle uns, woher du diese Kokosschalen gezaubert hast."

Herrn Rogge verführte sein beweglicher Geist oft, so bilderreich zu reden, und diese bilderreiche Sprache verführte wieder den Sohn, keine vernünftige Auskunft zu geben, sondern „Kratsch" zu machen. Auf das Wort vom Zaubern hin verzerrte Thomas die Züge zu etwas, was er für das furchterregende Gesicht einer Hexe hielt, mit „Hu-Hu!" sauste er die Treppe hinab, grade seiner Mutter in die Röcke, und kniff sie so, dass sie wirklich aufschrie.

Es dauerte eine ganze Weile, bis der Trubel aus Schelten, Huhen, Festhalten sich auflöste und der eine Teil erfuhr, dass die Kokosschalen in der Ecke beim Steuerruder gestanden hätten. – Dete: „Aha, dacht ich's mir doch!" Und Zips: „Nun sage mir um alles in der Welt, was du dir gedacht hast! Gar nichts, bitte schön!" – und bis der andere Teil erfuhr, dass diese Kokosschalen vor zwei Wintern zum Vogelfüttern gedient hätten.

„Und was haben die Vögel letzten Winter gefressen? – Gibst du den Vögeln nicht jeden Winter zu fressen, Vati? – Wann ist jetzt Winter? Gleich oder bald? – Mutti, was tust du in die Schalen? – Mutti, warum sind denn Drähte an den Schalen? – Vati, was ist Palmin? – Vati, willst du mir bitte mal ganz genau sagen, wie Palmin gemacht wird?"

Und so weiter und so weiter. Bis das Elternpaar floh, jedes in sein Reich zurück, und Thomas allein blieb mit den wiedergefundenen, einst heiß umstrittenen Futter-

schalen, um die sich doch nun wieder kein „Großes"
kümmerte.

Aber in Verlust gerieten sie diesen Herbst doch nicht
wieder. Eine Weile lagen sie ziemlich nutzlos im Kinderzimmer umher, und während dieser Weile elendete Thomas seinen Vater recht mit der Frage: „Vati, wann füttern
wir die Vögel? Vati, ist noch nicht Winter?" – Aber dann
fand Thomas eine Verwendung für sie, er machte sie zu
Vorratsgefäßen seines Kaufladens und füllte die eine mit
Erbsen, die zweite mit Bohnen, die dritte mit Bonbons
– und ein Grauen war es, fand Frau Dete, wie viel gute
teure Kolonialwaren in eine solche halbe Kokosnuss hi-
neingingen.

Die letzten Blätter waren von den Bäumen gefegt, der
Garten hatte vor Nässe getrieft, alle Wege quatschten,
und alle kleinen Jungenschuhe waren immer feucht
vom Waten durch alle Pfützen. Dann drehte der Wind
von West über Nord nach Ost, in den Nächten – und
sie kamen jetzt so früh – war der Himmel ganz hoch,
pechschwarz, strahlend, funkelnd mit Tausend Sternen.
Eines Morgens war es so hell im Zimmer des kleinen
Tom beim Anziehen, und als die Mutter lächelnd die
Gardinen zurückzog, war das Land weiß, weiß. Weiß!
„Schnee!", jubelte Thomas. „Mein Schlitten!", schrie Thomas.

„Heute füttern wir die Vögel
zum ersten Mal", sagte
Frau Dete, aber noch ging
das unter in der ersten
Seligkeit über den reinen,
kühlen Himmelsgruß.

Jauchzend wälzte sich Tom im Schnee, kugelte Abhänge hinab, stapfte in die tiefsten Wehen – wurde hereingeholt, unter brüllendem Protest, klamm wie ein Scheit Holz im Walde und nass wie ein Schweinsrüssel. Wurde trocken angezogen – und die Mutter sah nur einen Augenblick nach dem Essen, schon war er wieder draußen, jauchzend, jubelnd: „Rein verdreht ist der Bengel heute!"

Erst nach dem Kakaotrinken am Nachmittag – es dämmerte schon wieder – fand Thomas Zeit und Lust, der Küche einen längeren Besuch abzustatten. Seltsames, unbegreifliches Tun der Frauen! Haustochter Isi hatte einen Haufen alter Speckschwarten vor sich, piekte in jede ein Loch und zog säuberlich einen Bindfaden hindurch, an den sie sorgsam eine Schlinge machte. Haustochter Käti stand am Herd und briet etwas, und die Mutti hatte alle Kokosschalen vor sich stehen und füllte sie aus einer Tüte und der Bratpfanne Kätis.

Eigentlich wollte Thomas zuerst einmal gründlich meckern wegen der unberechtigten Benutzung „seiner" Kokosnüsse, aber dann war es doch zu interessant, wie die Mutti einen weichen Brei aus Hanfsamen, Sonnenblumenkernen, Raps, Rüben und Palmin einfüllte, wie die durchsichtige, helle Masse sich langsam mit einer weißlichen Haut überzog und dann grau und fest wurde.

„Morgen hängen wir sie dann den Vögeln hin."

„Morgen ...? Heute, Mutti!"

„Heute ist es schon zu dunkel, Thomas. Heute schlafen die Pieper schon."

„Und was haben die Pieper heute gefressen?"

Es hatte noch mehr geschneit über Nacht, durch noch

höheren Schnee als am vorigen Tage gingen sie von Baum zu Baum, und hier hängten sie eine Speckschwarte auf und dort eine Kokosschale. Der Garten war so still und leer, das Land vom Frost so weit und hell.

„Wo sind denn all die Pieper, Vati?" fragte Thomas. „Es gibt ja gar keine Pieper mehr."

Trotzdem hängten sie weiter auf: „Du wirst schon sehen, Thomas!" Und die alte Linde vor Toms Fenster bekam zur dicksten Schwarte zwei Schalen! Da stand nun der kleine Thomas, und manchmal lief er auch durch den Garten, aber es war alles nur solch Erwachsenen-Unsinn.

„Es gibt ja gar keine Vögel mehr, nur noch die Raben."

Es war langweilig – und mit dem Schlitten die Wiese zum See hinabzugleiten, war tausendmal besser. –

Aus dem Bett, wie sie waren, sprangen Herr und Frau Rogge von einem Schrei. Im Schlafanzug stand der kleine Thomas an seinem Fenster, drückte sich an der Scheibe die Nase breit und jubelte atemlos: „Die Grünfinken ... Die Finken! Mutti, Vati – unsere Finken sind wieder da!"

Er sah die Eltern an mit glänzenden Augen, mit Augen voll tiefen, geheimnisvollen Lichts seligster Freude, und dann sah er wieder zu seiner Futterstelle hin. Und wirklich hingen da schaukelnd zwei Grünfinken an den Schälchen, pickten, fraßen ...

„Unsere Grünfinkenmutti! Unser Finkenvati –!"

Glück! Glanz aus dem Paradies. Seligkeit, wie sie später nie wieder kommt.

Noch mehr Seligkeit –?

Es flattert, es huscht um die Stallecke. Mehr Finken, atemlos zählt Thomas: „Eins, zwei, vier, drei, sechs – oh, Vati, die ertrunkenen Pieper sind wieder da! Sechs Stück!

Oh, Vati, Mutti, sie sind gar nicht ertrunken, sie sind wieder gut mit mir – unsere Grünfinken!"

Frau Dete hätte gar nicht mahnend die Schulter ihres Zips zu berühren brauchen – was hieß hier Pädagogik?! Was hieß hier Lügen?!

„Richtig", sagte Herr Rogge und räusperte sich. „Unsere Finken sind wieder da – und grade zu dir sind sie gekommen, Tom."

„Unsere versoffenen Finken ...", sprach das Kind und atmete selig tief, als sei eine Last von seinem Herzen.

Hans Fallada

Vogel am Fenster

An das Fenster klopft es: Pick! Pick!,
macht mir doch auf einen Augenblick.
Dick fällt der Schnee, der Wind geht kalt,
habe kein Futter, erfriere bald.
Liebe Leute, o lasst mich ein,
will auch immer recht artig sein.

Sie ließen ihn ein in seiner Not.
Er suchte sich manches Krümchen Brot,
blieb fröhlich manche Woche da.
Doch als die Sonne durch Fenster sah,
da saß er immer so traurig dort.
Sie machten ihm auf: Husch, war er fort!

Wilhelm Hey

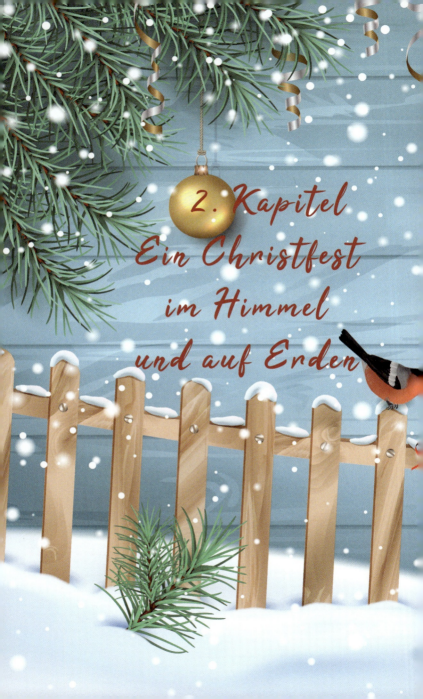

2. Kapitel
Ein Christfest
im Himmel
und auf Erden

Die Geschichte vom Christkindvogel

Unter den vielen Vöglein, die in Wald und Feld herumfliegen und singen und zwitschern, gibt es einen ganzen kleinen, bunten Vogel, der kleinste von allen, den nennen die großen und gelehrten Leute den Zaunkönig. Die Kinder aber und die einfältigen Leute, zu denen die Tante auch gehört, die sagen, wenn er vorüberfliegt: „Das ist der liebe Christkindvogel!" Freilich wissen sie kaum, weshalb er so heißt, die Tante weiß es aber und erzählt es dem Mathildchen und dem Georg folgendermaßen:

Ich habe euch noch gar nicht gesagt, dass vier Wochen vor Weihnachten der Nikolaus auf dem freien Platz droben auf dem Böllstein jeden Abend ein großes Feuer anzündet, das ist das Weihnachtsfeuer. Daran wärmen sie sich, er und das Christkindchen, wenn sie in der Nacht ganz erfroren heimkommen, und dann bleiben sie oft bis zum Morgen dabei sitzen und arbeiten für die Weihnachtsbescherung. Da geschah es aber einmal vor langer, langer Zeit, dass der Nikolaus neben dem Feuer einschlief, statt zur rechten Zeit Holz nachzulegen, und das war ein rechtes Unglück, denn es begab sich grade am Weihnachtstag, und einen dümmeren Streich hätte der Nikolaus gar nicht machen können. Als das Christkindchen herauskam und sein Kerzchen anzünden wollte, mit dem es die Weihnachtsbäume anbrennt, da war auch nicht das kleinste Köhlchen in der Asche mehr aufzufinden, obgleich der Nikolaus wie ein Blasebalg hineinblies, dass ihm der Staub in die Kehle flog und die Asche ins Gesicht. Seitdem ist seine Stimme noch viel rauer geworden und sein Gesicht noch einmal so dunkel als vorher. Es war aber gar nichts zu machen. Aus war das Feuer und guter Rat teuer. Zündhölzchen, die man hätte anstreichen können, gab es damals noch nicht, und wenn auch der Nikolaus endlich ganz unten aus seinem Sack einen Feuerstahl und ein Stückchen Zunder herauskramte, so war damit doch nicht geholfen. Er hatte auch da nicht achtgegeben, hatte den Sack im Schnee liegen lassen, nun war der Schwamm nass, und wie er auch draufschlug und sich die Finger zerhieb, kein Fünkchen, das aus dem Stahl sprang, konnte zünden. Das gute Christkindchen war da zum ersten Mal in seinem Leben bitterböse, und es hätte gern den Nikolaus fortgejagt, wenn es nur gleich einen andern gehabt hätte. Wo sollte man nun Licht herbekommen? Es blieb gar nichts anders übrig, als sich droben bei der lieben Mama Sonne ein Strählchen auszubitten. Wer konnte aber den weiten, weiten Weg bis zu ihr in der Geschwindigkeit hinauffliegen? Der Nikolaus, dem es von Rechts wegen zugekommen wäre, hatte keine Flügel, und wenn er sich in seinem Pelzrock auch noch so sehr aufgeblasen hätte, er wäre ja noch nicht bis über die kleinste Fichte hinausgekommen. Das Christkind hatte wohl Flügel und hätte es schon eher wagen können, aber es hing traurig den Kopf und sagte: „Der lieben Sonne bin ich von Weitem gar zu gut, aber nahe bei ihr ist es so brennend heiß, dass gewiss mein ganzes Gesicht schwarz davon würde. Was soll ich aber mit einem schwarzen Gesicht? Da würden sich die Kinder auch vor mir fürchten wie vor dem Nikolaus, und würden mich nur noch mit Zittern und Zagen lieben, wenn ich ihnen auch die schönsten Gaben brächte. Das darf nicht sein, und außerdem ist der Weg so weit, dass ich erst morgen früh wiederkäme!" Das Christkind sprach ganz verständig, und außerdem ist es ja auch ein Mägdlein, dem man es nicht übelnehmen kann, wenn es lieber ein schönes, helles Gesicht als ein schwarzes haben mag.

Auf einmal fiel ihm etwas Schönes ein. Es schüttelte die blonden Locken zurück, die ihm beim Nachdenken über die Stirne gefallen waren, lachte fröhlich auf und schellte laut mit seinem silbernen Schellchen, dass es weithin durch den Wald erklang und die Kinder im Tale es hörten und glaubten, jetzt sei das Christkind schon da. Sie waren aber freilich angeführt. Im Wald jedoch ward es auf einmal lebendig; es raschelte und flatterte und zwitscherte wie von Tausend Vöglein – und wirklich, da kamen sie alle herbei, die im Walde wohnten, Groß und Klein. Sie kannten Christkindchens Glöcklein gar wohl und wussten, dass es ihnen jedes Jahr auch beschere. Die Masse von Krümchen, die sich das Jahr über in dem Sack des Nikolaus aufhäuften, wurden den Vöglein am Weihnachtsabend hingestreut und schmeckten ihnen gar zu gut. Sie glaubten alle, sie seien deshalb herbeigerufen, irrten sich aber ebenso gewaltig wie die Kinder im Tale. Der Boden war zwar reingefegt, aber es lag nichts darauf als die Asche, die Nikolaus beim Blasen aufgewirbelt. Die Vöglein waren sehr erstaunt und fingen gleich an, untereinander darüber zu schwatzen, und eines fragte das andere, warum ihre Krumen nicht da seien. Sie dachten, wie es oft auch die Menschen tun, weil sie das einmal bekommen hätten, sei es nun ihr Recht, und es müsse immer so sein.

Wie sie nun im lautesten Schwatzen waren, schellte das Christkind noch einmal und rief dann, so laut es konnte: „Stille!" Die Vöglein schwiegen, und das Christkind fuhr fort: „Ihr lieben Vöglein, ich bin in großer Verlegenheit und weiß mir keinen Rat; wer von euch will mir einen Gefallen tun?"

Da rief es in allen Tonarten, hoch und niedrig, dumpf und helle: „Ich! – Ich! – Ich!"

„Ach, wie gut seid ihr", sagte das Christkindchen, „ich wusste wohl, dass ihr mir helfen würdet, jetzt hört nur: Seht, der böse Nikolaus, der war nachlässig und hat das Feuer ausgehen und den Zunder nass werden lassen. Jetzt habe ich kein Licht, womit ich den vielen Kindlein, die auf mich warten, die Christbäume anzünden kann. Es muss neues Licht von der Sonne heruntergeholt werden; wer von euch will für mich hinauffliegen und mir von der lieben, guten Sonne einen Strahl herunterbringen?" So lebhaft die Vögel vorhin gewesen, so mäuschenstill wurden sie jetzt; sie hatten nicht gedacht, dass das Christkind ein so großes Wagstück von ihnen verlangen würde, und überdies ist versprechen immer leichter als halten.

Da sie alle „Ich!" gerufen, so sah einer den andern an, und jeder dachte, sein Nachbar würde das „Ich!" wiederholen. Als keiner etwas sagte, fragte das Christkind ganz traurig: „Nun, will mir keiner von euch

den Gefallen tun?" Da räusperte sich der Spatz und sagte:

„Ja, siehst du, liebes Christkindchen, ich tue dir alles gern zu Gefallen, aber das ist zu viel verlangt; wegen meiner flöge ich schon da hinauf, aber ich bin Familienvater und darf mich meiner Frau und meiner Kinder wegen der Gefahr nicht aussetzen, zu nahe an die Sonne zu kommen!" Als er geendet, warf er sich in die Brust, sah im Kreis herum, und die Vögel, die auch Familie hatten, nickten ihm Beifall zu. Dann hörte man ein schmelzendes Girren, und die liebe Sängerin, die Nachtigall, begann zu zwitschern: „Es schmerzt mich in tiefster Seele, teures Christkind, dass ich dir die Bitte abschlagen muss, aber – du wirst dies ja selbst einsehen – wie kann ich meine himmlische Stimme an eine so gefährliche Reise wagen? Bei der Sonne ist es furchtbar heiß, hier unten kalt, ich bekäme den Schnupfen, würde heiser – mein Gott, wer sollte denn da im nächsten Frühjahr Busch und Wald und alle liebenden Herzen mit seinem Gesang entzücken?"

Was konnte Christkind dazu sagen? Es nickte, ohne ein Wort zu sprechen, und sah sich dann fragend und trauernd im ganzen Kreise um; grade auf die Nachtigall, die ja doch als Künstlerin ein großes Herz haben musste, hatte es im Stillen am meisten gerechnet.

„Geschätzte Freundin", hob nun der Dompfaffe an, „ich bin stets bereit zu allen guten Werken, aber es steht geschrieben: ‚Wer sich mutwillig in Gefahr begibt, kommt darinnen um.' Der Flug, den du uns da zumutest, ist für unsere Fittiche zu hoch; aber selbst wenn ich ihn unternehmen wollte, so dürfte ich nicht – denn wer sollte hier im Walde Sitte und Ordnung aufrechterhalten, wenn ich verdürbe?"

„Ja, ja" schnatterte die Elster dazwischen, „der würdige Herr Dompfaffe hat ganz recht. Er muss bei uns bleiben, und ich kann mich auch durchaus nicht auf die Reise einlassen. Auf morgen bin ich zu der Drossel auf ein Gericht Würmer eingeladen, auf übermorgen zu Wiedehopfs, und so die ganze Woche fort. Gott, wie schrecklich, wenn ich mich beschädigte und daheim bleiben müsste; die ganze Gesellschaft stürbe vor Langeweile!" Christkindchen wendete sich unmutig weg, aber die Not war gar zu groß, darum legte es sich noch einmal aufs Bitten. „Und du, Lerche", sagte es liebreich, „willst du mir nicht helfen? Du kannst ja doch höher fliegen und schwärmen als alle anderen Vögel." Die Lerche hob ihr Köpfchen auf, hing es auf eine Seite, sah zuerst Christkindchen schmachtend an und dann wieder zur Erde. Endlich schien sie Worte zu finden und flötete leise: „Liebes Christkind, ich fürchte mich; ich bin so zart und fein, und es wäre gar unweiblich von mir, wenn ich mehr Mut haben wollte als die Männer."

So war auch diese Hoffnung dahin – dem Christkindchen liefen zwei große Tränen über die rosigen Wangen, und es hörte kaum, wie der Specht klapperte: „Welche Zumutung, an die Sonne zu fliegen! Bedanke mich schönstens; ich habe genug zu tun, wenn ich mein redlich Teil klappere und rassele, das gehört zum Handwerk, und alles übrige geht mich nichts an!" „Schweigt nur", rief Christkind entrüstet, „und fliegt wieder in eure Nester; setzt euch recht warm darin zurecht und freut euch, dass ihr das Leben habt. Es ist mir nur leid, dass ich euch gerufen. Meine armen Kinder bekommen nun freilich dieses Jahr keine Christbäume!"

Und doch! Und doch! Leise schwirrte es durch die Luft, und im nächsten Augenblick saß ein ganz kleines, unscheinbares Vöglein von grauer Farbe, das aber ein zierliches Krönlein auf dem Kopfe trug, welches ihm ein ganz besonderes Ansehen gab, auf Christkinds Schultern.

„Ich will hinfliegen, Christkindchen", sagte es mit einem feinen Stimmchen, „und habe nur gewartet, bis die großen und vornehmen Herren Vögel gesprochen. Da sie verhindert sind, so ist es nicht unbescheiden von mir, wenn ich dir meine Hilfe anbiete." Ei, ei, wie streckten da die vornehmen Herren Vögel die Hälse neugierig aus und blähten sich auf und schüttelten verächtlich mit den Köpfen! Dabei zischelten sie: „Ei der Tausend, seht einmal den Herrn Zaunkönig an, wie patzig der sich macht!" Christkindlein aber weinte jetzt vor Freude; es drückte das Vöglein an seine Brust, küsste es und rief: „Flieg, mein lieber, kleiner Vogel, flieg! Du sollst mir auch fortan der liebste im ganzen Walde sein!" Und das Vöglein flog, flog, flog, bis nur noch ein schwarzes Pünktchen und dann gar nichts mehr von ihm zu sehen war. Keines rührte sich von seinem Platze, und alles sah hinauf in die Höhe, und Christkindchens blaue Augen leuchteten in überirdischer Freude. Es war auch Christkindlein, das wieder zuerst ganz oben am Himmel einen hellen Punkt erblickte; der Punkt kam näher und näher, bald glänzte er wie ein leuchtender Stern und dann wie eine kleine Sonne, die bald darauf zu Christkindchens Füßen niedersank. Wer konnte das anders sein als der liebe Zaunkönig, der wirklich dem Christkind einen Sonnenstrahl im Schnäblein mitbrachte! Schnell brannte Christkind sein Kerzchen an, ehe der Strahl erlosch, und dann bückte es sich, um nach dem Zaunkönig zu sehen, der noch erschöpft am Boden lag.

Oh, lieber Himmel, wie sah der arme Schelm aus! Die andern Vögel hatten wohl recht gehabt, man fliegt nicht ungestraft zur Sonne, aber derjenige, dem so recht nach dem Lichte verlangt, tut es doch, und wenn er sich auch die Flügel dabei versengt. Denkt euch, Kinder, der arme Zaunkönig hatte nicht ein Federchen mehr auf dem Leib, denn die heißen Sonnenstrahlen hatten sie alle weggebrannt, und er zitterte und fror, dass es zum Erbarmen war.

„Das hat er nun davon!", erklärte salbungsvoll der Dompfaffe, und die Elster nickte mit dem Kopf und schrie: „Ich werde es jeden Tag als warnendes Beispiel meinen Kindern erzählen!" Die Nachtigall schwieg, denn im Grunde ihres Herzens schämte sie sich doch ein wenig und missgönnte dem Zaunkönig fast seinen nackten Leib. Indessen hatte aber der Nikolaus schnell seine Pelzmütze abgerissen, obgleich er sich tüchtig die Ohren dabei erfror, und bettete den Zaunkönig hinein, damit er nicht erfriere, bis er ein neues Kleidchen bekommen. Dazu musste schnell Rat geschafft werden. Christkind rührte wieder an sein Schellchen und rief dann: „Ihr Vögel und Vöglein, höret mich an! Zur Sonne wolltet ihr mir zwar nicht fliegen, und ich werde es auch nie mehr von euch erwarten, noch verlangen, aber für den armen, kleinen Zaunkönig, der mehr gewagt als der stolzeste von euch, nehme ich euer brüderliches Mitgefühl in Anspruch.

Gebe ihm jeder von euch eine Feder, damit ich ihm ein neues Kleidchen davon machen kann!"

Nun predigte Christkind keinen tauben Ohren; an diesem Werke beteiligte sich jeder gern, und jeder wollte dabei der erste sein. Schöne Reden halten und milde Beiträge sammeln, das ist gar nicht gefährlich, sondern sehr angenehm und gibt Ehre und Ansehen vor der Welt. Der Dompfaffe und die Nachtigall stellten sich an die Spitze, forderten die Federn ein, und letztere flötete ihre Bitte so süß, dass keiner widerstehen konnte. Die Elster ermahnte mit lauter Stimme ihre ganze große Bekanntschaft, bei dem milden Werke nicht zurückzubleiben, und versicherte jedermann, sie gäbe zwei Federn. Die müssen aber verlorengegangen sein, denn man hat niemals eine davon auf Zaunkönigs Leib entdecken können. Und doch gab es einen unter den Vögeln, der den ernsten Ermahnungen des Dompfaffen und der süßen Stimme der Nachtigall widerstehen konnte. Das war der Uhu. Er erwiderte mürrisch, die ganze Geschichte gehe ihn nichts an; er sei ein Weiser und Gelehrter und betrachte sich die Welt nur von oben herab. Dass sich der Zaunkönig verbrannt habe, sei eine natürliche Folge seines unvorsichtigen Fluges, und er wolle nicht darunter leiden. Es war dies so neidisch und hässlich von dem Uhu, dass alle Vögel darüber entrüstet waren und ihm erklärten, sie würden nicht mehr mit ihm umgehen. Darum sitzt er auch jetzt immer allein und fliegt nur des Nachts aus, wenn die andern Vögel schlafen. So wie dem Uhu, sollte es auch allen neidischen Menschen und Kindern gehen. – Zum Glück brauchte man Uhus Feder nicht, es waren genug andre da; in einer Minute machte Christkind das neue Kleidchen fertig, streifte es dem Zaunkönig über, und da flog er wieder ganz munter aus der Pelzkappe heraus und sah sich vergnügt um. Dann wollte er sich wieder ganz bescheiden in der Vogelschar verlieren. Christkindchen aber griff mit beiden Händen nach ihm, hielt ihn fest, drückte ihn an sich und sprach:

„Nein, du bleibst bei mir, denn du bist mir fortan der liebste Vogel im ganzen Walde und sollst für immer der Christkindvogel heißen. Wenn ich des Nachts ausreite, fliegst du mit mir und pickst mit deinem kleinen Schnäblein leise an die Schlafstubenfenster, damit die Kindlein merken, wer in der Nähe ist. Komm jetzt gleich mit mir, denn es ist schon fast ganz dunkel, und die Kinder werden mit Schmerzen auf mich warten!" Da setzte sich das Vöglein auf Christkinds Schulter; Christkind nahm sein Kerzchen zur Hand, dann hoben beide ihre Flügel auf – und fort waren sie. Knurrend trollte der Nikolaus hinter ihnen den Berg hinab.

Der Georg und das Mathildchen merken es sich nun aber recht genau, wie schön es ist, gefällig zu sein, wenn man sich auch ein bisschen weh dabei tut, und nehmen sich fest vor, so gut und bescheiden zu werden wie der Christkindvogel. Den neidischen Uhu mögen sie aber nicht leiden und wollen darum auch selber niemals neidisch sein. – Wenn es wieder Sommer wird, geht die Tante mit den Kindern in den Wald, da besuchen sie den Christkindvogel und bringen ihm ein Stück Kuchen mit.

Luise Büchner

Der Weihnachtsrabe

Es war einmal ein großer schwarzer Rabe. Er freute sich, wenn die Sonne schien und die Vögel zwitscherten. Dann krächzte er laut, denn singen konnte er nicht. Er freute sich, wenn die Schmetterlinge flogen. Dann flog auch er, denn fliegen konnte er. Als die Vögel leiser sangen und die Schmetterlinge nur noch wenig flogen, krächzte auch der Rabe leiser und flog auch nicht mehr so weit. Der Sommer war fast vorbei und es war schon ein bisschen kalt. Bald waren die Vögel ganz still, und bald war kein Schmetterling mehr zu sehen. Weil es nun so still war, hörte man den Raben, auch wenn er leise krächzte, ganz laut. Und je kürzer die Tage wurden, umso lauter krächzte der große schwarze Rabe. Bald kam der kürzeste Tag im Jahr. Es war sehr kalt geworden, und ganz leise fiel der Schnee in dichten Flocken. Der Rabe saß hoch auf dem Birnbaum und krächzte so laut er konnte. Er schlug mit den Flügeln, als ob er sich wärmen wollte. Dann hob er ab, flog zum nächsten Baum, setzte sich hoch oben auf einen Ast und sah zu, wie die Welt weiß wurde. Nun krächzte der Rabe so laut, dass einige Vögel erschreckt aufflogen und die Katze aus dem Garten flitzte. Nur die Schmetterlinge erwachten nicht, die schliefen wohl zu fest. Allmählich wurden die Tage wieder ein bisschen länger. Man merkte es noch kaum, denn es war nur ein klitzekleines bisschen. Der große schwarze Rabe spazierte ungeduldig den Dachgiebel entlang, hin und her und her und hin. Zwischendurch krächzte er in der

Dunkelheit. Plötzlich blieb der Rabe stehen und schaute in den Garten hinunter. Der Schnee war hell erleuchtet und glitzerte wie Tausend Edelsteine. Das hatte der Rabe noch nie gesehen. Er flog vom Dachgiebel in den Garten und sah ins hell erleuchtete Wohnzimmer. Dort muss schon Sommer sein, dachte sich der Rabe. Er merkte nicht mehr den kalten Schnee, sah nur noch das helle Licht. Dass es Weihnachtsabend war, konnte der Rabe nicht wissen. Also stapfte er durch den frischgefallenen Schnee, sauste hin und her und her und hin und schaute zwischendurch ins helle Wohnzimmer. Dann bewegte er seine mächtigen Flügel, hob vom Boden ab und landete mit viel Schwung hoch oben auf dem Dach auf der Fernsehantenne, sodass sich die Antenne hin und her und her und hin bog. Dabei krächzte er so laut, wie er noch nie gekrächzt hatte. Im Wohnzimmer flackerte das Fernsehbild.

„Schon wieder eine Störung", sagte der Mann. „Wenigstens am Heiligen Abend sollte es keine Störungen geben." Er stellte einen anderen Sender ein, aber auch der war gestört, denn oben auf dem Dach saß der große schwarze Rabe und schaukelte auf der Fernsehantenne. „Störung, Störung, Störung, überall Störung", sagte der Mann.

„Gottseidank", sagte die Frau, „komm, mach den blöden Kasten aus und setz dich zu mir." Der Mann drehte tatsächlich den Fernseher ab, und die beiden sprachen an diesem Abend noch lange miteinander. Bald wurden die Tage merkbar länger, und es dauerte nicht lange, da zwitscherten wieder die Vögel. Der große schwarze Rabe freute sich. Ab und zu setzte er sich auf die Fernsehantenne.

„Schon wieder diese Störung", sagte der Mann. Die Frau sagte gar nichts. Sie war im Garten und sah, wie ein zweiter Rabe auf der Antenne landete. Und beide schaukelten und krächzten, dass es eine Freude war.

Bernhard Lins

Rotkehlchen

Herr Dusedann war zweiunddreißig Jahre alt und im besten Begriff, ein Junggeselle zu werden. Er besaß ein großen Vermögen, und obgleich er aus diesem Grunde keinen bestimmten Beruf erwählt hatte, so waren seine Tage dennoch dermaßen mit Tätigkeiten und Arbeit angefüllt, dass er zu Heiratsgedanken gar keine Zeit fand. Daran war aber seine große Sammelleidenschaft schuld und ein ihm innewohnender Drang, alles ins Gründliche zu treiben. Verwandte besaß er keine mehr, außer seiner etwas altmodischen Tante Salome, die stets eine schneeweiße Haube und hellblonde Seitenlöckchen trug und von einer ewigen Unruhe erfüllt war. Trotz ihres Alters war sie sehr flink auf den Beinen und klimperte den ganzen Tag mit ihrem Schlüsselbund treppauf, treppab, vom Boden in den Keller, von der Küche in die Kammer. Dann saß sie plötzlich wieder in ihrem sauberen Zimmer und nähte, aber ehe man es sich versah, hatte sie Hut und Mantel angetan und war fort in die Stadt, hetzte die Verkäufer in den Läden, dass sie nur so flogen, und war mit einer merkwürdigen Geschwindigkeit aus den entferntesten Gegenden wieder zurück. Sie konnte laufen wie die Jüngste, und betrieb dies auch in solchen Momenten, wo im Drange der Geschäfte ihr solches notwendig erschien. Es war dann seltsam zu sehen, wie die alte Dame den Korridor entlanghuschte, dass die Löckchen flogen, oder wenn sie mit flinken Füßen die Treppe hinabschnurrte.

Sie achtete alle Neigungen und Liebhabereien ihres Neffen wie Heiligtümer, sie kannte alle seine Lieblingsgerichte und kochte sie in anmutiger Abwechslung, sie schob unter alle seine Gewohnheiten und Wünsche sanfte Kissen der Zuvorkommenheit, kurz, Herr Dusedann hätte sich in dieser Hinsicht wie im Himmel fühlen müssen, wenn er nicht von Jugend auf daran gewöhnt gewesen wäre, und deshalb solchen Zustand für selbstverständlich hielt. Da nun alle Unzuträglichkeiten des Junggesellenstandes für ihn wegfielen, seine mannigfaltigen Liebhabereien ihn mehr als genügend beschäftigten und außerdem eine angeborene Schüchternheit ihn den Verkehr mit dem weiblichen Geschlechte meiden ließ, so ist es nicht zu verwundern, dass Herr Dusedann sich ganz wohl fühlte und nicht im mindesten darauf verfiel, eine Veränderung dieses Zustandes anzustreben. Seine Lust, alle möglichen Dinge zu betreiben und zu sammeln, hatte sich erst herausgebildet, als er von der Universität zurückgekehrt war und nun gar nicht wusste, was er mit der vielen Zeit in seinem großen Hause anfangen sollte. Zuerst verfiel er auf allerlei schrullenhafte Dinge. So legte er unter anderem eine Sammlung von Porzellanhunden an und brachte es in Kurzem auf hundertdreiundneunzig Stück verschiedener Exemplare. Sie wurden auf einer pyramidenförmigen Etagere systematisch geordnet und boten einen Anblick dar, der ebenso komisch als seltsam war. Hierdurch ward er auf die Tatsache hingeführt, dass es in Porzellan noch manche andere Dinge gibt, die nicht zu verachten sind, dass Majolikageräte besonders geeignet erscheinen, die Begier eines Sammlers zu entzünden, und alte venezianische Glaswaren eine geradezu dämonische Anziehung auszuüben, imstande sind. So füllte sich allmählich sein Haus mit einer Anzahl von sonderbaren Gerätschaften, Tellern, Krügen, Tassen und Gläsern, deren einziger Reiz oft nur darin bestand, dass ein anderer sie nicht hatte.

Jedoch diese Dinge mussten untergebracht werden und die Schränke, in denen dieses geschah, die Möbel, auf denen sie standen, mussten sich im Einklang mit diesen Zeugen einer untergegangenen Kultur befinden. So befiel ihn zu alledem ein Fanatismus für alte Möbel, gebrauchte Kommoden, braun und gelb eingelegt und mit Messingbeschlägen verziert, riesige altersbraune Wandschränke mit ungeheuren Ausladungen und Gesimsen und einer Geräumigkeit, dass man darin spazieren gehen konnte, seltsame Schreibsekretäre mit bunten eingelegten Blumen verziert und ausgestattet mit einem komplizierten System von Schiebladen, Schränken und Geheimfächern und allerlei spaßhaften Überraschungen. Zu alledem gesellten sich allmählich große Mappen mit Kupferstichen angefüllt, seltene Bücher, Münzen, Holzschnitzereien, Bernstein- und Perlmutterarbeiten, Kuriositäten aller Art, seltene Erzstufen und Kristalldrusen, japanische und chinesische Lack-, Email- und Bronzewaren, sodass sein Haus und sein Zimmer schließlich mit all diesen Dingen so gespickt und besetzt war, wie ein alter Ostindienfahrer mit Seemuscheln.

Demnach geschah aber etwas, das seine Lust am Sammeln und Hegen eine neue Wendung gab. Er besuchte zufällig eine Ausstellung von lebenden Vögeln, nahm einige Lose und hatte das Schicksal, ein paar Sonnenvögel zu gewinnen. Diese anmutigen und reizvollen Tiere, die Schönheit des Aussehens, drolliges Benehmen und herrlichen Gesang miteinander vereinen, machten einen tiefen Eindruck auf ihn und erweckten Appetit nach mehr. Er suchte sofort die Bekanntschaft eines stadtbekannten Vogelliebhabers und stürzte sich mit Feuereifer auf die Erlernung dieser ihm ganz neuen Dingen. Im Umsehen hatte er sämtliche Fachzeitschriften abonniert und eine Anzahl von Werken über Vogelkunde erworben. Es gelang ihm sogar, für eine Menge Geld sich in den Besitz von Johann Andreas Naumanns Naturgeschichte der Vögel Deutschlands zu setzen, jenes seltenen und großartigen Werkes, das in der Literatur aller Völker seinesgleichen sucht. Es war ihm, als sei er nun erst hinter das Wahre und Richtige gekommen, und diese ganz neue Leidenschaft hatten die zwei kleinen chinesischen Piepvögel angerichtet.

Nach Anweisung jenes Vogelkundigen richtete er ein schönes sonniges Zimmer seines Hauses zur Vogelstube ein, die mit Springbrunnen und Teich und rieselndem Gewässer ausgestattet, an den Wänden mit Borke und alten Baumstämmen bekleidet und mit Nistkästen und Futtergeschirren der neuesten

und besten Konstruktion versehen war. Unter großen Kosten ward dieser Raum stets mit neuen lebenden Gesträuchen und Tannenbäumen versehen. Zugleich ließ er einen Schrank bauen von weichem Holz, mit unzähligen Schiebladen versehen und außen gar anmutig mit gemalten Vögeln und deren Futterpflanzen verziert. Die Schiebladen wurden mit entsprechenden sauberen Inschriften versehen und gefüllt mit Kanariensamen, Hanf, Hirse, Sonnenblumenkernen, Haselnüssen, Mohnsamen und was sonst zum Vogelfutter dient, als da sind getrocknete Holunder- und Eberschebeeren, kondensiertes Eigelb, Eierbrot und solcherlei mehr. An den Seiten des Schrankes aber hingen in sauberen Säcken Ameisenpuppen und getrocknete Eintagsfliegen, während oben drauf sechs große mit Flor verbundene Häfen prangten, in die er zwei Pfund Mehlwürmer zur Zucht eingesetzt hatte.

Nachdem all diese Vorbereitungen getroffen waren und er die Vogelstube mit einer reichen Anzahl von in- und ausländischen Tierchen besetzt hatte, war ihm ein Feld zu reichlicher und dauernder Tätigkeit eröffnet. Wie nun bei allen solchen Liebhabereien eins das andere mit sich bringt, so ging es auch hier, und Herr Dusedann suchte bald seinen Ehrgeiz darin, die schwierigsten und seltensten Vögel in Gefangenschaft zu halten. Bald hatte er außer seiner Vogelstube einen ungeheuren Flugbauer in einem anderen Zimmer aufgestellt. Darin befanden sich alle vier einheimischen Laubvogelarten, Goldhähnchen, Schwanzmeisen, Bartmeisen, Baumläufer, Zaunkönige, kleine Fliegenschnäpper und andere zärtliche Vögel, die viel Aufmerksamkeit und Wartung erfordern. In demselben Zimmer flogen zwei Eisvögel umher, die in einem großen Wasserbassin alltäglich eine große Menge von lebenden kleinen Fischen erhielten. Hier konnte er manche Stunde sitzen und diesen schnurrigen, schön gefärbten und metallisch glänzenden Vögeln zusehen, wie sie von ihrem Beobachtungsaste aus plötzlich kopfüber ins Wasser plumpsten und jedes Mal mit einem Fischlein im Schnabel auf ihren Sitz zurückkehrten. Wie sie dann den Fang hin und her warfen, bis er mundgerecht lag, und ihn unter mächtigem Schlucken hinabwürgten. Wie sie dann eine Weile geduckt und mit ein wenig gesträubten Federn dasaßen, als sei diese ganze Angelegenheit eine verdrießliche und nachdenkliche Sache und mehr Geschäft als Vergnügen.

Im Laufe der Zeit ward diese Menagerie immer größer und reichhaltiger und ihre Wartung, Beobachtung und Pflege verschlang alle Zeit, die Herrn Dusedann so reichlich zur Verfügung stand. Da geschah es, dass sich seine Wünsche auf den Besitz eines sprechenden Graupapageien richteten und er sich das Glück, ein solche Tier sein eigen zu nennen, mit den glänzendsten Farben ausmalte. Natürlich sollte es ein Genie sein, keines von jenen Tieren mit mangelhafter Schulbildung, die mit: „Wie heißt du", „Papa" und „eins, zwei, drei, hurra!" ihren ganzen Sprachschatz erschöpft haben. Nun erfuhr Herr Dusedann durch einen Vogelhändler, dass in der Stadt ein alter pensionierter Beamter lebe, der einen wunderbaren Papagei „klüger als ein Mensch" besitze, und nachdem er sich vieles von den Künsten dieses Wundervogels hatte erzählen lassen, empfand er deutlich, das Leben würde seines schönsten Reizes beraubt sein, wenn er diesen Vogel nicht sein eigen nennen dürfe. Da er von dem Händler hörte, dass der Beamte nicht in den besten Verhältnissen lebe, da er gelähmt sei und von seiner geringen Pension drei Töchter zu erhalten habe, und infolgedessen wohl geneigt sein dürfte, gegen ein gute Gebot den Vogel zu verkaufen, so steckte Herr Dusedann eines Tages sein Portemonnaie voll Goldstücke und machte sich auf, den Beamten, der Roland hieß, zu besuchen. Dieser wohnte in einem ärmlichen Hause in der Vorstadt, in einer Gegend, wo die Straßen schon anfangen, häuserlos zu werden. Als Herr Dusedann an die Tür klopfte, rief eine etwas schnarrende Stimme: „Herein!", und er trat in ein ärmliches, aber freundliches Zimmer. Gegenüber der Tür auf einem alten, vielbenutzten Sofa lag ein Mann von einigen fünfzig Jahren mit blassen, aber freundlichen Gesichtszügen und vor ihm auf dem Tische stand ein großer Drahtbauer mit dem erwünschten Vogel.

„Guten Morgen", sagte der Papagei. Herr Dusedann erwiderte diese Höflichkeit und stellte sich dann dem Herrn Roland vor.

„Bitte, nehmen Sie Platz", sagte der Papagei. Herr Roland lächelte: „Der Vogel nimmt mir die Worte aus dem Munde", sagte er dann. „Womit kann ich dienen?"

Herr Dusedann setzte sich, räusperte sich ein wenig und indem er seine Augen auf den Papagei richtete, der eine dämonische Anziehungskraft auf ihn ausübte, sagte er: „Ich bin ein großer Vogelliebhaber, Herr Roland. Ich habe von ihrem außerordentlichen Papagei gehört und bin gekommen, Sie um die Erlaubnis zu bitten, die Bekanntschaft dieses Vogels zu machen."

„Siehst du, wie du bist?", sagte der Papagei. Dann ging er seitwärts auf seiner Sitzstange entlang, verbeugte sich ein paar Mal, sah ungemein pfiffig aus und sagte: „Ooooh!"

„Ein doller Vogel!", rief Herr Dusedann mit dem Ausdruck der innigsten Bewunderung, und zugleich quälte ihn der beängstigende Gedanke, ob er auch wohl genug Goldstücke in sein Portemonnaie gesteckt habe. „O, er kann noch viel mehr!", sagte Herr Roland und betrachtete seinen Liebling mit leuchtenden Augen. Der Papagei, wie um dies zu bestätigen, fing an zu singen: „Kommt ein Vogel geflogen, setzt sich nieder auf mein Fuß!" Dann krähte er wie ein Hahn, gackerte wie eine Henne und bellte so ausgezeichnet, dass der talentvollste Hund noch hätte von ihm lernen können. Mit diesen Leistungen schien er selber zufrieden zu sein, denn er brach scheinbar vor Entzücken in ein ungeheures Gelächter aus.

„Kolossal!", rief Herr Dusedann. Da nun ein Augenblick der Stille eintrat, indem sich der Vogel mit seinem Futternapf beschäftigte, hörte man eine anmutige Mädchenstimme im Nebenzimmer singen, so wie man bei der Arbeit vor sich hin singt. Obgleich Herrn Dusedanns Aufmerksamkeit durch den Papagei sehr in Anspruch genommen war, bemerkte er dies doch, und durch eine Ideenverbindung fiel ihm seine Vogelstube ein, wenn das Abendrot seitwärts hineinschien, in den dämmerigen Ecken die kleinen Vögel fast alle schon schliefen und nur noch ein Rotkehlchen sein träumerisch liebliches Abendlied sang. Er horchte eine Weile auf die anmutige Stimme. „Ganz wie ein Rotkehlchen", dachte er.

Der Papagei war ebenfalls aufmerksam geworden, er sträubte die Kopffedern und sprach mit sanftem Ausdruck: „Wendula! Wendula Roland!" Dann wanderte er wieder seitwärts, verbeugte sich ein paar Mal und sagte wieder: „Oooh!"

„Er meint meine Tochter", sprach der Alte, „er hört sie singen."

Herr Dusedann war durch und durch begeistert für diesen Vogel. Er fasste Mut, tastete heimlich nach der wohlgefüllten Rundung seines Portemonnaies und sagte: „Sie wissen, Herr Roland, ich bin ein Vogelliebhaber. Ich habe hundertdreizehn Vögel zu Hause. Es ist mein höchster Wunsch, auch einen so gelehrigen Papagei zu besitzen. Sie verzeihen deshalb meine Anfrage. Es könnte ja sein, dass ... und, wenn es wäre ... auf den Preis sollte es mir nicht ankommen ..." Herr Dusedann sah den Alten erblassen und dies verwirrte seine Rede ... „Der Händler sagte vierhundert Mark", fuhr er fort ... „dies hätte man schon öfter bezahlt ... Aber, wenn Sie nicht wollen ... fünfhundert würde ich geben."

Es erleichterte ihn sichtlich, dass er dies Angebot los war; der Papagei aber sang: „O du lieber Augustin, alles ist weg, weg, weg!", schwang sich in seinen Ring und schaukelte sich, dass der Bauer bebte.

Der Alte sah auf ihn hin. „Das ist ein schönes Stück Geld", sagte er, und seine Stimme klang etwas heiser, „allein der Vogel gehört meiner Tochter, er ist ein Andenken von meinem einzigen Sohne, der in der See ertrunken ist." Dann rief er: „Wendula!" Die Tür des Nebenzimmers öffnete sich und ein junges Mädchen von etwa achtzehn Jahren trat herein. Ihre Gestalt war mittelgroß und von jener schlanken elastischen Fülle, die sogleich den Eindruck von Zartheit und Kraft hervorbringt. Sie trug ein olivenbraunes Kleid und ein rotes Tüchlein, das den oberen Teil der Brust bedeckte. Sie sah mit großen dunklen Augen etwas verwundert auf den Fremden hin. „Wendula", sagte der Papagei, „Wendula Roland!"

„Wie ein Rotkehlchen", dachte Herr Dusedann unwillkürlich wieder.

Der Alte sprach jetzt: „Dies ist Herr Dusedann. Er wünscht deinen Papagei zu kaufen. Er will sehr viel Geld dafür geben – fünfhundert Mark. Du kannst über dein Eigentum frei verfügen und ich will dich nicht beeinflussen."

Das junge Mädchen sah auf ihren Vater, auf den Papagei und dann auf Herrn Dusedann. Sie besann sich einen Augenblick, öffnete dann die Tür, deren Drücker sie noch in der Hand hielt, sprach mit einer kurzen Handbewegung: „Ich bitte", und ging in ihr Zimmer zurück. Herr Dusedann folgte ihr. Sie schloss die Tür sorgfältig, schaute dann dem jungen Mann mit den großen dunklen Augen gerade ins Gesicht und schüttelte ein wenig den Kopf.

„Es geht nicht", sagte sie dann eindrücklich, „es geht wirklich nicht."

Herr Dusedann wollte etwas sagen; er wusste nur durchaus nicht, was. Dann fuhr sie fort: „Der Vater hängt zu sehr an dem Vogel. Wenn die Schwestern in der Schule sind und ich in der Wirtschaft zu tun habe, da ist er oft lange allein. Er kann ja nur ganz wenig an seinem Stocke gehen und kommt nie aus dem Hause. Da liegt er dann auf seinem Sofa und spricht mit dem Vogel und lehrt ihn neue Künste. Ach, der ist ja so klug und wird alle Tage klüger – es ist manchmal ganz unheimlich, was der für einen Verstand hat." Sie sah Herrn Dusedann noch einmal eindrücklich an, nickte ein wenig und fuhr dann fort: „Nicht wahr, Sie sehen das ein? Alle Tage würde sich der Vater nach dem Vogel sehnen, und er hat ja so wenig vom Leben."

Es war sonderbar, Herr Dusedann hatte nicht mehr die geringste Lust, den Papagei zu kaufen, ja es kam ihm fast wie eine Art von schwarzherziger Abscheulichkeit vor, dass er jemals eine solche Absicht hatte hegen können.

„O gewiss ... natürlich ... jawohl ... durchaus!", stotterte er, denn das junge Mädchen, das so frei und schlank vor ihm stand und ihm so gerade in die Augen sah, flötzte ihm jene Verwirrung ein, die ihn stets jungen Mädchen

gegenüber befiel, zumal wenn sie hübsch und anmutig waren. Aber diese Empfindung war sehr stark mit Wohlgefallen gemischt. Herzhafter setzte er hinzu: „Ich würde ihn nie kaufen! Nie!"

Sie lächelte ein ganz klein wenig, es war wie ein Sonnenlicht, das durch eine Lücke windbewegter Zweige flüchtig über eine Rose gleitet. Dann hielt sie ihm die Hand hin und sagte: „Gut, nun ist es abgemacht!" In diese warme Mädchenhand einzuschlagen, war ein gefährliches Unternehmen, allein es gelang über Erwarten gut und durchrieselte Herrn Dusedann gar angenehm bis ins Herz hinein. Dann gingen sie wieder zu dem Alten hinein, der sichtlich erfreut war, als er das Resultat der Verhandlungen erfuhr. Der Papagei, als der Held des Tages, ward nun aus seinem Bauer hervorgenommen und setzte sich auf Wendulas Finger. Er musste „Küsschen geben", zuerst dem jungen Mädchen, dann Herrn Dusedann, was wiederum eine verfängliche Sache war. Dann sträubte er die Nackenfedern und bat: „Köpfchen kraulen!", dann sang er: „Ich bin der kleine Postillon", und blies überaus schön ein Postsignal, dann weinte er wie ein kleines Kind, hustete wie ein alter Zittergreis und entwickelte alle seine sonstigen Talente – mit einem Wort, er war entzückend. Herr Dusedann lebte ganz auf und verlor seine Schüchternheit, ihm gelangen zu seiner eigenen Verwunderung die schönsten zusammenhängenden Sätze und beim Abschied sprach er in wohlgesetzten Worten die Bitte aus, seinen Besuch wiederholen zu dürfen, um diesen außerordentlich gelehrten Papagei noch einmal bewundern zu können. Dies ward ihm in Gnaden gewährt.

Herr Dusedann, was ist mit Ihnen vorgegangen? Weshalb schauen Sie zuweilen so nachdenklich in die Wolken und so tiefsinnig in den Himmel, als wollten Sie die Geheimnisse des Weltalls ergründen? Weshalb, im Gegensatz dazu, sind Sie dann wiederum so lustig und trillern allerlei Liederchen und hüpfen sogar in zierlichen Bocksprüngen, obgleich Sie doch sonst so gesetzt und ebenmäßig einhergingen? Woher kommt Ihr plötzlich intensives Interesse für Sylvia rubecula, lat., auf deutsch Rotkehlchen genannt, da Sie doch sonst für diesen Sänger keine übermäßige Vorliebe verrieten? Was soll man dazu sagen, dass Sie alle die anderen zierlichen Tierchen in Ihrer Vogelstube kaum eines Blickes würdigen und nur diesem einen Rotkehlchen mit fast verliebten Blicken nachfolgen? Sind denn die Sonnenvögel weniger anmutig, die Sperlingspapageien nicht so drollig und die vielen kleinen afrikanischen Finken nicht ebenso niedlich als sonst? Was hat Ihnen das Blaukehlchen getan, dass Sie es gar nicht mehr beachten, wenn es im Sonnenschein auf dem Bauche im Sande liegt und sein seltsam liebliches Liedchen ableiert? Was soll es bedeuten, dass Sie alle Tage ihre Spaziergänge in jene armselige Vorstadt richten und dann auf die Chaussee hinauslaufen, wo es nichts zu sehen gibt als Pappeln und winterlich öde Sandfelder? Wenn Sie dann an einem gewissen Hause vorbeikommen, weshalb schleichen Sie denn wie ein Verbrecher daher und wagen kaum hinzusehen? Wissen Sie wohl noch, was neulich passiert ist an jenem sonnigklaren Dezemberfrosttage, als die Welt so frisch und jungfräulich im ersten Dauerschnee dalag? Dieser freudige kalte Tag musste wohl Ihren Mut befördert haben, denn Sie wagten es, mit großer Kühnheit nach dem Fenster des bewussten Hauses zu blicken, aber als Sie dort ein junges schlankes Mädchen bemerkten, das mit großen dunklen Augen auf Sie hinschaute, da wurden Sie rot wie eine Purpurrose und zogen sehr tief Ihren Hut ab, während das Mädchen sich freundlich verneigte und auch, wohl im Widerschein Ihres Antlitzes, ein wenig anglühte. Sie liefen dann wieder auf die Chaussee hinaus und geruhten, sich ein wenig närrisch zu benehmen, absonderlich wieder erklärlich zu hüpfen und allerlei Poesieverse in den Wintertag hinein zu deklamieren. Dero Gedanken waren unbedingt an einem anderen Orte, denn Sie bemerkten weder den großen grauen Würger, Lanius excubitor L., der im Sonnenschein auf dem Pappelwipfel saß, noch die Eisvögel, Alcedo ispida L., die, an dem noch nicht zugefrorenen Bach mit Fischfang sich verlustierend, in der Sonne wie Edelsteine glänzten. Obgleich doch solcherlei Schauspiel ansonsten von Ihnen mit besonderem Wohlgefallen betrachtet wurde, Herr Dusedann! Sie werden sich erinnern, dass Sie späterhin auf der Chaussee noch andere Merkwürdigkeiten trieben, absonderlich, dass Sie plötzlich in großen Schreck gerieten, indem Sie sich bewusst wurden, ganz laut einen Namen in den schneeglänzenden Wintertag hinausgerufen zu haben, und zwar lautete dieser: „Wendula! – Wendula Roland!" – Was soll man davon denken, Herr Dusedann? Sie sahen sich zwar sofort erschrocken um und beruhigten sich erst, als Sie bemerkten, dass auf der ganzen weiten Chaussee kein Mensch zu sehen war. Sie suchten sich einzureden, nur die Liebe zum Wohlklange habe Sie veranlasst, diesen melodischen Namen auszurufen,

aber ob Sie sich dieses geglaubt haben, ist noch sehr die Frage.

Ja, es war eine merkwürdige Veränderung mit Herrn Dusedann vorgegangen. Acht Tage hielt er es aus, ohne den Anblick des wunderbaren Papageis zu erleben, dann trieb es ihn mit magnetischer Gewalt, sich wieder nach ihm umzusehen. Das nächste Mal konnte er diese Sehnsucht nur noch drei Tage lang unterdrücken, und dann stellte er sich ein um den anderen Tag ein, sodass er binnen Kurzem im Hause Roland eine bekannte Erscheinung war. Auch eine beliebte. Der Alte freute sich, jemand zu haben, mit dem er plaudern konnte, die beiden jüngeren Töchter Susanne und Regina fanden einen harmlosen Spielgefährten in ihm, dessen Taschen allerlei Süßigkeiten bargen, und Wendula – ja wer wollte das ergründen, was in der Tiefe ihre dunklen Augen verborgen lag. Aber das muss gesagt werden, dass sie heller aufleuchteten, wenn die Türglocke erklang und der bekannte Schritt auf dem Gange hörbar ward. Als bemerkenswert muss auch verzeichnet werden, dass Herr Dusedann, der bekanntlich doch nur kam, um den Papagei zu sehen, zuweilen nach längerem Aufenthalt wieder fort ging, ohne ihm mehr als einen halben Blick geschenkt zu haben, eine Inkonsequenz, die aus den sonstigen Charaktereigenschaften dieses jungen Mannes nicht genügend erklärt werden kann.

Da die Weihnachtszeit herannahte, so waren auch in diesem Hause vielerlei Geheimnisse im Gange, und Herr Dusedann genoss das ehrenvolle Vertrauen, von allen drei Mädchen in ihre verschiedenen Unternehmungen eingeweiht zu werden, sodass ihm als einem Weihnachtsbeichtvater das ganze Gewebe gegenseitiger

Überraschungen klar vor Augen lag. Diese Dinge rührten ihn und gefielen ihm gar wohl, zumal er seine Eltern früh verloren hatte und einsam ohne Geschwister aufgewachsen war. Dies alles berührte ihn als etwas Neues und seltsam Liebliches und zum ersten Mal in seinem Leben ward ihm klar, dass er in seiner Kindheit trotz allen Überflusses doch vieles entbehrt habe, das kein Reichtum schaffen kann. Es kam einmal zur Sprache, dass er dieses Fest noch niemals in Gegenwart von Kindern gefeiert habe, immer nur, solange er denken konnte, mit der alten Tante Salome am Abend des ersten Weihnachtstages. Diese zierte dann einen Tannenbaum auf mit allerlei dauerhaften Schmuckdingen, die sie sorgfältig in einer Schieblade aufhob, und deren manche noch aus seiner Kinderzeit stammten. Den Grundstock ihrer Bescherung bildeten stets sechs Paar selbstgestrickte Strümpfe und darum gruppierten sich einige wertlose Kleinigkeiten, „denn was soll ich dir schenken, mein Junge", sagte sie, „du hast ja alles!" Dazu hatte sie aber stets nach alten geheimnisvollen Familienrezepten eine Unzahl der verschiedenen Kuchen gebacken, die keines von beiden aß und die später so allmählich fortgeschenkt wurden. Herrn Dusedanns Gegengeschenk bestand jedoch, seit er mündig war, stets aus einem Schächtelchen mit Goldstücken, die Tante Salome in ihre Sparbüchse tat. Nach der Bescherung gab es Karpfen zum Abendessen, und Herr Dusedann braute dazu aus einer Flasche Burgunder, einer Flasche Portwein und ein wenig echtem Jamaika-Rum einen Punsch, worin sich Tante Salome regelmäßig einen kleinen Spitz trank. Danach wurde feierlich zu Bette gegangen und die Sache war erledigt.

Wie es kam, ist nicht mehr mit Genauigkeit festzustellen, allein als man über diese Dinge redete und Herr Dusedann zwischendurch den Wunsch äußerte, dies Fest einmal in Gemeinschaft mit Kindern zu feiern, da war er, ehe man sich's versah, eingeladen. Dies ging insofern ganz gut, als die Familie Roland das Fest am Heiligen Abend feierte, und Herr Dusedann somit seine eigenen geheiligten Familientraditionen nicht zu durchbrechen nötig hatte, eine Tempelschändung, die zu verüben er auch wohl nicht gewagt haben würde. Da nun seine Kühnheit in der letzten Zeit schon bedeutend zugenommen hatte, so gelang es ihm, in wohlgesetzter Rede den Wunsch auszusprechen, dass ihm erlaubt sein möchte, sich an diesem Abend ganz als ein Mitglied der Familie zu betrachten, und man ihm nicht verübeln möge, wenn er sich in jeder Hinsicht an der Bescherung beteilige. Dass die Familie Roland dagegen nichts einzuwenden hatte, stimmte ihn so fröhlich, dass er auf dem Rückwege nach seiner Wohnung eine große moralische Kraft anwenden musste, in dem frisch gefallenen Schnee der Straße nicht einige Mal vor Vergnügen Kobold zu schießen. Das ehrwürdige Blut der Dusedanns aber, das in seinen Adern floss, war stark genug, diese hasenfüßige Tat zu verhindern. Von diesem Tage an wurde Herr Dusedann viel mit Paketen gesehen. Da aber in dieser Zeit solches eine häufige Zierde des Mannes, in Sonderheit des Familienvaters und des alten guten Onkels ist, so fiel das weiter nicht auf. Aber der junge Mann zitterte doch oftmals bei seinen Einkäufen davor, dass ihn ein Bekannter dabei überraschen möge. Zwar bei der großartigen Kinderkochmaschine, die er für Regina einkaufte, und der für Susanne bestimmten Puppenstube von märchenhafter Pracht hätte er schon leicht eine Ausrede finden können, allein was sollte er sagen, wenn ihn jemand gefragt hätte, für wen der kostbare olivenbraune Seidenstoff bestimmt sei und die wunderbare goldene, mit Perlen behängte Halskette, die der erste Juwelier der Stadt nach den Zeichnungen eines bedeutenden Künstlers ausgeführt hatte. Wenn er behauptet hätte für Tante Salome, so wäre diese Lüge doch gar zu durchsichtig gewesen. Und so kaufte er in einer Art von Rausch noch allerlei Dinge, die ihm passend und angenehm erschienen. Dass sein Beginnen sehr auffallend war, kam ihm gar nicht in den Sinn, dazu hatte er zu einsam gelebt und zu wenig Begriff von dem Wert des Geldes.

Als er kurz vor Weihnachten zu der Familie Roland kam, traf er den Alten allein und in sehr trübseliger Stimmung. Nach einigen Worten der Einleitung fragte dieser mit bebender Stimme: „Möchten Sie den Papagei noch kaufen, Herr Dusedann?"

Als dieser ihn verwundert anblickte, fuhr er fort: „Ich werde sehr bedrängt durch eine Schuld, die ich zur Zeit meiner schweren Krankheit, der mein jetziges Leiden folgte, eingehen musste. Bis jetzt habe ich sie in kleinen Raten vierteljährlich vermindert, allein nun will der Geldgeber nicht mehr warten. Außerdem ist das Weihnachtsfest vor der Tür und der erste Januar mit seinen Ausgaben. Es ist ja auch ein großer Luxus für einen Mann wie mich, ein so kostbares Tier zu halten. Ich habe mir die Sache überlegt. Ein sogenannter roher Graupapagei, der frisch angekommen ist und noch nichts versteht, kostet nur sechsunddreißig Mark. Ich schaffe mir von dem übrigen Gelde einen solchen an, einen, der noch graue und nicht gelbe Augen hat, also noch jung ist, und dann will ich mich dahintersetzen, dass er bald ebenso viel lernen soll als dieser."

Herrn Dusedann schoss ein glänzender Gedanke wie eine Sternschnuppe durch den Kopf.

„Gewiss", sagte er, „den Papagei kaufe ich gerne, aber Sie müssen ihn noch eine Weile behalten, bis ich mich auf ihn eingerichtet habe. Nicht wahr? Im nächsten Jahre hole ich ihn mir." Da er gerade genügend mit Geld versehen war, so zählte er die fünfhundert Mark auf den Tisch und verabschiedete sich. Zu Anfang war er ein wenig betroffen und ergriffen, denn zum ersten Mal in seinem Leben war ihm menschlich Not entgegengetreten, allein diese Stimmung verlor sich bald, denn es lag ja in seiner Hand, diesen Menschen, die er achtete und liebte, von seinem Überflusse mitzuteilen. Der Mond, der an diesem Abend in Herrn Dusedanns Zimmer schien, hatte einen wunderlichen Anblick. Er sah diesen Herrn in seinem Bette liegen und in höchst seltsamer Weise alle Augenblicke sich die Hände reiben, ja sogar zuweilen unter der Bettdecke mit den Beinen ziemlich strampeln. Der gute alte Mond glaubte, dass Herrn Dusedann fröre; freilich er konnte nicht wissen, dass in dem Zimmer sehr schön geheizt war und Herr Dusedann bloß vor lauter Vergnügen nicht einschlafen konnte.

Am Morgen des vierundzwanzigsten Dezember erwachte Herr Dusedann so erwartungsvoll und freudig wie ein richtiges Kind, das diesen seligen bevorstehenden Abend kaum abzuwarten vermag. Er packte alle seine eingekauften Schätze sorgsam in eine ungeheure Kiste und bestellte dann einen Dienstmann, der die Weisung erhielt, diese am Abend um fünf Uhr in der Rolandschen Wohnung abzuliefern. Nur eine Schachtel behielt er zurück und machte sich damit um ein Uhr auf den Weg, um sie persönlich abzuliefern. Sie erhielt einen Beitrag zur Ausschmückung des Tannenbaums, denn er hatte sich extra auserbeten, an diesem feierlichen Akte teilnehmen zu dürfen. Er fand den Alten und die beiden Kinder zusammen in dem Vorderzimmer. „Wir dürfen nicht hinein", sagte Susanne und zeigte auf die Nebentür: „Wendula putzt auf!" „Aber ich darf doch?", fragte Herr Dusedann. „Ja, Sie dürfen. Wendula hat's gesagt." Er klopfte jetzt und ward durch einen schmalen Türspalt hineingelassen.

„Ich habe doch was blinken sehen", rief Regina triumphierend.

Wendulas Gesicht war von der eifrigen Tätigkeit rosig angehaucht und ihre dunklen Augen strahlten. Sie hatte die Ärmel ein wenig aufgestreift, dass die schönen weißen Arme zur Hälfte sich zeigten. Die Grundlage alles Tannenbaumaufputzes, die Silber- und Goldäpfel, hatte sie bereits angehängt, und diese schimmerten freundlich aus dem dunklen Grün hervor. Herr Dusedann packte seine Schachtel aus. Es waren lauter Vögel darin, Marzipan-, Zucker- und Schokoladenvögel, die er mit großer Mühe aus allen Zuckerwarenfabriken und Konditoreien der Stadt zusammengesucht hatte, Papageien, die sich in Ringen schaukelten, Schwäne, Gänse, Enten, Hühner, Kanarienvögel und alles Mögliche. Zu seinem großen Bedauern hatten aber die buntesten und prächtigsten dieser wohlschmeckenden Tiere mehr aus einer exotischen Zuckerbäckerfantasie ihren Ursprung genommen, als dass sie treue Nachbilder der Wirklichkeit gewesen wären. „Wie würden Sie nun dies Geschöpf nennen?", sagte er und hielt ein solches Gebilde empor, „Fasanen-Möwen-Schwan-Geier ist die kürzeste Bezeichnung, denn von allem ist was drin."

„Ich nenne ihn Piepvogel", sagte Wendula, „und hängte ihn an den Tannenbaum."

Er beteiligte sich an dieser Arbeit, stellte sich aber ein wenig ungeschickt dabei an. „Wir wollen uns die Arbeit teilen", sagte Wendula, „ich hänge an und Sie reichen mir die Sachen zu."

Herr Dusedann war zufrieden. Aber war es notwendig, dass bei diesen Verrichtungen die Hände sich so oft trafen und die Augen so lange aneinander hafteten? War bei den Beratungen über den besten Ort für irgendeinen Gegenstand es gar nicht zu vermeiden, dass die Schultern sanft aneinander ruhten und die Hände sich wieder begegneten? Was sollte es bedeuten, dass beide so oft lachten über Dinge, die nichts Komisches an sich hatten, und dann wieder bei einer ähnlichen Gelegenheit ohne jeden ersichtlichen Grund verstummten? Seit wann bedurfte Wendula, eine so behände Persönlichkeit, unbedingt der Hilfe, um auf einen Stuhl zu steigen, und fraglos der Unterstützung, wenn sie wieder herab wollte? Endlich hatte sie die letzten Lichter an dem oberen Kranz der Zweige befestigt, stand auf ihrem Stuhl und betrachtete ihr Werk.

„Nun ist alles fertig!“, sagte sie mit einem kleinen Seufzer. „Wie schade!“, meinte Herr Dusedann. Dann sahen sie sich in die Augen und er reichte ihr die Hände, um ihr beim Absteigen behilflich zu sein. Die beiden Kinder waren anfangs ganz erstarrt, allein dies ging bald in ausgelassene Lustigkeit über, sie sprangen beide jauchzend im Zimmer herum, der Papagei sang und pfiff, blies, krähte, bellte und trompetete, und Herr Dusedann musste bald mit der einen, bald mit der anderen herumtanzen, so dass Herr Roland sich zuletzt in komischem Entsetzen die Ohren zuhielt. Als nun zuletzt die große Kiste ankam und die Bescherung losging, und Herr Roland seinen Papagei feierlich zurückgeschenkt erhielt, da war ein solcher Überfluss von Liebe, Glück, Dankbarkeit und anderen schönen Empfindungen an diesem Orte vorhanden, dass es ein wahres Wunder war, wie das alles in der engen Wohnung Platz fand.

Heinrich Seidel

Die Vögel warten im Winter vor dem Fenster

Ich bin der Sperling.
Kinder, ich bin am Ende.
Und ich rief euch immer im vergangenen Jahr,
wenn der Rabe wieder im Salatbeet war.
Bitte um eine kleine Spende.
Sperling, komm nach vorn.
Sperling, hier ist dein Korn.
Und besten Dank für die Arbeit!

Ich bin der Buntspecht.
Kinder, ich bin am Ende.
Und ich hämmere die ganze Sommerzeit
all das Ungeziefer schaffe ich beiseit.
Bitte um eine kleine Spende.
Buntspecht, komm nach vurn.
Buntspecht, hier ist dein Wurm.
Und besten Dank für die Arbeit!

Ich bin die Amsel.
Kinder, ich bin am Ende.
Und ich war es, die den ganzen Sommer lang
früh im Dämmergrau in Nachbars Garten sang.
Bitte um eine kleine Spende.
Amsel, komm nach vorn.
Amsel, hier ist dein Korn.
und besten Dank für die Arbeit.

Bertolt Brecht

Der glückliche kleine Vogel

Zizibä saß in einem kahlen Fliederbusch und fror. Zizibä war ein kleiner Vogel. Er hatte sein Federkleid dick aufgeplustert, weil's dann ein wenig wärmer war. Da saß er wie ein dicker, runder Ball, und keiner ahnte, wie dünn sein Körper drunter aussah. Zizibä hatte die Augen zu. Er mochte schon gar nicht mehr hinsehen, wie die Schneeflocken endlos vom Himmel herunterfielen und alles zudeckten. Alle Futterplätze waren zugeschneit. Ach, und Hunger tat so weh.

Zwei Freunde von Zizibä waren schon gestorben. Stellt euch mal vor, ihr müsstet in einem kahlen Strauch sitzen, ganz allein im Schnee, und hättet nichts zu essen. Kein Frühstück, kein Mittagessen — und abends müsstet ihr hungrig einschlafen, ganz allein draußen im leeren Fliederbusch, wo's dunkel ist und kalt. Das wäre doch schlimm. Zizibä musste das alles erleiden. Er saß da und rührte sich nicht. Nur manchmal schüttelte er den Schnee aus den Federn. Wieder ging ein hungriger Tag zu Ende. Zizibä wollte einschlafen. Er hörte plötzlich ein liebliches Geklingel. Dann wurde es hell und warm, und Zizibä dachte: Oh, das ist gewiss der Frühling. Aber es war der Weihnachtsengel. Er kam daher mit einem Schlitten voller Weihnachtspakete. Er sang vergnügt. „Morgen, Kinder, wird's was geben ...", und leuchtete mit seinem Laternchen den Weg. Da entdeckte er auch unseren Zizibä. „Guten Abend", sagte der Engel, „warum bist du so traurig?"

„Ich hab so Hunger", piepste Zizibä und machte vor Kummer wieder die Augen zu.

„Du armer Kleiner", sagte der Engel, „ich habe auch nichts zu essen dabei. Woher kriegen wir nur was für dich?"

Aber das war's ja, was Zizibä auch nicht wusste. Doch dann hatte der Engel eine himmlische Idee. „Warte", sagte er, „ich werde dir helfen. Bis morgen ist alles gut. Schlaf nur ganz ruhig weiter."

Aber Zizibä war bereits wieder eingeschlafen und merkte gar nicht, wie der Engel weiterzog und im nächsten Haus verschwand. Dort wohnte Franzel. Das war ein netter, kleiner Bub. Jetzt lag er im Bett und schlief und träumte von Weihnachten. Der Engel schwebte leise hinzu, wie eben Engel schweben, und beugte sich über ihn. Leise, ganz leise flüsterte er ihm etwas ins Ohr, und was Engel sprechen, das geht gleich ins Herz. Der Franzel verstand auch sofort, um was sich's handelt, obwohl er fest schlief. Als er am nächsten Morgen wach wurde, rieb er sich die Augen und guckte zum Fenster hinaus. „Ei, so viel Schnee", rief er, sprang aus dem Bett, riss das Fenster auf und fuhr mit beiden Händen in den Schnee. Dann machte er einen dicken Schneeball und warf ihn aus Übermut hoch in die Luft.

Plötzlich hielt er inne. Wie war das doch heute Nacht? Hatte er nicht irgendetwas versprochen? Richtig, da fiel's ihm wieder ein. Er sollte dem Zizibä Futter besorgen. Der Franzel fegte den Schnee vom Fensterbrett und rannte zur Mutter in die Küche. „Guten Morgen, ich will den Zizibä füttern, ich brauche Kuchen und Wurst!", rief er.

„Das ist aber nett, dass du daran denkst", sagte die Mutter, „aber Kuchen und Wurst taugen nicht als Futter. Der Kuchen weicht auf, und die Wurst ist viel zu salzig. Da wird der arme Zizibä statt an Hunger, an Bauchschmerzen sterben." Die Mutter ging und holte eine Tüte Sonnenblumenkerne.

„Die sind viel besser", sagte sie. Der Franzel streute die Kerne aufs Fensterbrett und rief: „Guten Appetit, Zizibä!" Dann musste er sausen, um noch rechtzeitig zur Schule zu kommen. Als die Schule aus war, kam er auf dem Nachhauseweg beim Samenhändler Korn vorbei. Der Franzel ging in den Laden und sagte: „Ich hätte gern Futter für die Vögel im Garten."

Er legte sein ganzes Taschengeld auf den Tisch. Dafür bekam er eine große Tüte voll Samen und einige Meisenringe. Nun rannte er nach Hause zu seinem Fensterbrett. Aber – o weh – da war alles zugeschneit. Doch die Körner waren verschwunden. Die hatte Zizibä noch rechtzeitig entdeckt. Er hatte seine Vettern und Cousinen herbeigeholt, und sie hatten sich einen guten Tag gemacht, während der Franzel in der Schule war.

„Es darf nicht wieder alles zuschneien", dachte der Franzel, und als sein Vater am Nachmittag heimkam, machten sie sich gleich daran und zimmerten ein wunderschönes Futterhaus. Das hängten sie vor dem Fenster auf. Am nächsten Tag sprach sich's bei der ganzen Vogelgesellschaft herum, dass es beim Franzel etwas Gutes zu essen gab. Das war eine große Freude, denn kein Vogel brauchte mehr vor Hunger zu sterben, und abends, wenn der Engel vorbeikam, sah er nur satte und zufriedene Vögel friedlich schlummern. Dafür legte er dem Franzel noch ein Extra-Geschenk unter den Weihnachtsbaum, und es wurde ein wunderschönes Fest.

Verfasser unbekannt

Wie der kranke Vogel geheilt wurde

Anfangs kam nur geringes Volk aus der Stadt heraus zum Stall, sogar etliches Gesindel darunter, wie es sich immer einfindet, wenn viele Menschen zusammenlaufen, aber vor allem auch Arme und Kranke, die Blinden und die Aussätzigen. Sie knieten vor dem Knaben und verneigten sich und baten inbrünstig, dass er sie heilen möchte. Vielen wurde auch wirklich geholfen, nicht durch Wundermacht, wie sie in ihrer Einfalt meinten, sondern durch die Kraft des Glaubens. Lange Zeit stand auch ein kleines Mädchen unter dem Leutehaufen vor der Tür und konnte sich nicht durchzwängen. Die Mutter Maria rief es endlich an. „Komm herein!", sagte sie. „Was hast du da in deiner Schürze?"

Das Mädchen nahm die Zipfel auseinander und da hockte nun ein Vogel in dem Tuch, verschreckt und zersaust, ein ganz kleiner Vogel.

„Schau ihn an", sagte das Mädchen zum Christkind, „ich habe ihn den Buben weggenommen und dann wollte ihn auch noch die Katze fressen. Kannst du ihn nicht wieder gesund machen? Wenn ich dir meine Puppe dafür gebe?"

Ach, die Puppe! Es war ja trotzdem eine arg schwierige Sache. Auch der heilige Josef kratzte sich den kahlen Schädel, sonst ein umsichtiger Mann, und die Bresthaften in ihrem Elend standen rund herum und alle starrten auf den halb toten Vogel in der Schürze. Hatte etwa auch er eine gläubige Seele? Das wohl kaum. Aber seht, das Himmelskind wusste selber noch nicht genau Bescheid und deshalb blickte es einmal schnell nach oben, wo die kleinen Engel im Gebälk saßen. Die flogen auch gleich herab, um zu helfen. Vögel waren ja ihre liebsten Gefährten unter dem Himmel. Nun glätteten sie dem Kranken das Gefieder und säuberten ihn, sie renkten den einen Flügel sorgsam ein und stellten ihm auch den Schwanz wieder auf, denn was ist ein Vogel ohne Schwanz, ein jämmerliches Ding! Von all dem merkten die Leute natürlich nichts, sie sahen nur, wie sich die Federn des Vogels allmählich legten, wie er den Schnabel aufriss und ein bisschen zu zwitschern versuchte. Und plötzlich hob er auch schon die Flügel, mit einem seligen Schrei schwang er sich über die Köpfe weg ins Blaue. Da staunte die Menge und lobte Gott um dieses Wunders willen. Nur das kleine Mädchen stand noch immer da und hielt die Zipfel seiner Schürze offen. Es war aber nichts mehr darin außer einem golden glänzenden Federchen. Und das musste nicht eine Vogelfeder sein, das konnte auch einer von den Engeln im Eifer verloren haben.

Karl Heinrich Waggerl

Vögleins Glück

Dich preis' ich, Vöglein, Kind der Halde,
wie oft du schwingst im Morgenlicht,
wie oft du trinkst den Tau vom Walde,
wie oft dein Sang durch Wolken bricht.

Mein Sehnen ist mein einzig Schwingen;
wie fern es zieht, – mich bannt der Ort;
mein Dichten ist nur stilles Singen, –
du schwebst auf leichten Liedern fort.

Und doppelt mag mein Herz dich preisen
um deine sorgenfreie Kunst;
du weißt, dich wird der Himmel preisen,
du brauchst nicht feile Menschengunst.

Nicht demutsvolles Flehn um Gnaden,
bezahlt mit Tränen, bitt'res Brot,
du singst, zu Gottes Tisch geladen,
der Freiheit Lied im Morgenrot.

Georg Scheurlin

3. Kapitel

Am Gabentisch
finden alle
Platz

Zweierlei Vögel

Strichvogel Reflexion,
Zugvogel Poesie,
singt jeder andern Ton
und andre Melodie.

Strichvogel hüpft und pfeift
und pickt von Ast zu Ast,
und höchstens einmal streift
zu Nachbarn er als Gast.

Er ruft: Freund!, bleib im Land
und redlich nähre dich;
es wagt um Fabeltand
ein Narr nur weiter sich.

O halte deinen Flug
von Meer und Stürmen fern,
die Sehnsucht ist Betrug,
hier picke deinen Kern!

Zugvogel aber spricht:
Du Flattrer, meinen Flug
und Zug verstehst du nicht;
klug ist hier nicht genug.

Du picke immer zu
und bleib auf deinem Ast,
wenn keine Ahnung du
von meiner Ahnung hast.

Doch pfeifs nicht aus als Wahn
und Narrenmelodei,
dass hinterm Ozean
auch noch ein Ufer sei.

Nikolaus Lenau

Die Weihnachtsgans Auguste

Der Opernsänger Luitpold Löwenhaupt hatte bereits im November vorsorglich eine fünf Kilo schwere Gans gekauft, eine Weihnachtsgans. Dieser respektable Vogel sollte den Festtisch verschönen. Gewiss, es waren schwere Zeiten. „Aber etwas muss man doch fürs Herze tun!" Bei diesem Satz, den Löwenhaupt mit seiner tiefen Bassstimme mehrmals vor sich hin sprach, sodass es wie ein Donnerrollen sich anhörte, mit diesem Satz meinte der Sänger im Grunde etwas anderes. Während er mit seinen kräftigen Händen die Gans an sich drückte, verspürte er zugleich den Geruch von Rotkraut und Äpfeln in der Nase. Und immer wieder murmelte sein schwerer Bass den Satz durch den nebligen Novembertag: „Aber etwas muss man doch fürs Herze tun." Ein Hausvater, der eigenmächtig etwas für den Haushalt eingekauft hat, verliert, sobald er seiner Wohnung sich nähert, mehr und mehr den Mut. Er ist zu Hause schutzlos den Vorwürfen und dem Hohn seiner Hausgenossen preisgegeben, da er bestimmt unrichtig und zu teuer eingekauft hat. Doch in diesem Falle erntete Vater Löwenhaupt überraschend hohes Lob. Mutter Löwenhaupt fand die Gans fett, gewichtig und preiswert. Das Hausmädchen Theres lobte das schöne weiße Gefieder; sie stellte die Frage, wo das Tier bis Weihnachten sich aufhalten solle? Die zwölfjährige Elli, die zehnjährige Gerda und das kleine Peterle – Löwenhaupts Kinder – sahen aber hier überhaupt kein

Problem, da es ja noch das Bad und das Kinderzimmer gäbe und das Gänschen unbedingt Wasser brauche, sich zu reinigen. Die Eltern entschieden jedoch, dass die neue Hausgenossin im Allgemeinen in einer Kiste in dem kleinen warmen Kartoffelkeller ihr Quartier beziehen solle und dass die Kinder sie bei Tage eine Stunde lang draußen im Garten hüten dürften. So war das Glück allgemein. Anfangs befolgten die Kinder genau diese Anordnung der Eltern. Eines Abends aber begann das siebenjährige Peterle in seinem Bettchen zu klagen, dass „Gustje" (das ist die Kurzform von Auguste: Gustchen) – man hatte die Gans aus einem nicht erfindbaren Grunde Auguste genannt – bestimmt unten im Keller friere. Seine Schwester Elli, der man im Schlafzimmer die Aufsicht über die beiden jüngeren Geschwister übertragen hatte, suchte das Brüderchen zu beruhigen, dass Auguste ja ein dickes Daunengefieder habe, das sie aufplustern könne wie eine Decke.

„Warum plustert sie es auf?", fragte das Peterle.

„Ich sagte doch, dass es dann wie eine Decke ist."

„Warum braucht Gustje denn eine Decke?"

„Mein Gott, weil sie dann nicht friert, du Dummerjan!"

„Also ist es doch kalt im Keller!", sagte jetzt Gerda.

„Es ist kalt im Keller!", echote Peterle und begann gleich zu heulen. „Gustje friert! Ich will nicht, dass Gustje friert. Ich hole Gustje herauf zu mir!"

Damit war er schon aus dem Bett und tapste zur Tür. Die große Schwester Elli fing ihn ab und suchte ihn wieder ins Bett zu tragen. Aber die jüngere Gerda kam Peterle zu Hilfe. Peterle heulte: „Ich will zu Gustje!" Elli schimpfte. Gerda entriss ihr den kleinen Bruder. Mitten in dem Tumult erschien die Mutter. Peterle wurde im Elternzimmer in das

Bett der Mutter gelegt und den Schwestern sofortige Ruhe anbefohlen. Diese Nacht ging ohne Zwischenfall zu Ende. Doch am übernächsten Tage hatten sich Gerda und Peter, der wieder im Kinderzimmer schlief, verständigt. Abwechselnd blieb immer einer der beiden wach und weckte den andern. Als nun die ältere Schwester Elli schlief und alles im Haus stille schien, schlichen die zwei auf nackten Zehenspitzen in den Keller, holten die Gans Auguste aus ihrer Kiste, in der sie auf Lappen und Sägespänen lag, und trugen sie leise hinauf in ihr Zimmer. Bisher war Auguste recht verschlafen gewesen und hatte bloß etwas geschnattert wie: „Lat mi in Ruh, lat mi in Ruh!"

Aber plötzlich fing sie laut an zu schreien: „Ick will in min Truh, ick will in min Truh!" Schon gingen überall die Türen auf. Die Mutter kam hervorgestürzt, Theres, das Hausmädchen, rannte von ihrer Kammer her die Stiegen hinunter. Auch die zwölfjährige Elli war aufgewacht, aus ihrem Bett gesprungen und schaute durch den Türspalt. Die kleine Gerda aber hatte in ihrem Schreck die Gans losgelassen, und jetzt flatterte und schnatterte Auguste im Treppenhaus umher. (Ein Glück, dass der Vater noch nicht zu Hause war!) Bei der nun einsetzenden Jagd durch das Treppenhaus und die Korridore verlor Auguste, bis man sie eingefangen hatte, eine Anzahl Federn. Die atemlose Theres schlug sie in eine Decke, woraus sie nunmehr ununterbrochen schimpfte: „Lat mi in Ruh, lat mi in Ruh. Ick will in min Truh!" Und da begann auch noch das Peterle zu heulen: „Ich will Gustje haben! Gustje soll mit mir schlafen!" Die Mutter, die ihn ins Bett legte, suchte ihm zu erklären, dass die Gans jetzt wieder in ihre Kiste in den Keller müsse.

„Warum muss sie in den Keller?", fragte Peterle.

„Weil eine Gans nicht im Bett schlafen kann."

„Warum kann denn Gustje nicht im Bett schlafen?"

„Im Bett schlafen nur Menschen; und jetzt sei still und mach die Augen zu!"

Die Mutter war schon an der Tür, da heulte Peterle wieder los: „Warum schlafen nur Menschen im Bett? Gustje friert unten; Gustje soll oben schlafen." Als die Mutter sah, wie aufgeregt Peterle war und dass man ihn nicht beruhigen konnte, erlaubte sie, dass man die Kiste aus dem Keller heraufholte und neben Peterles Bett stellte: Und siehe da, während Auguste droben in der Kiste noch vor sich hin schnatterte: „Lat man gut sin, lat man gut sin, Hauptsach, dat ick in min Truh bin!", schliefen Peterle und seine Geschwister ein. Natürlich konnte man jetzt Auguste nicht wieder in den Keller bringen, zumal die Nächte immer kälter wurden, weil es schon mächtig auf Weihnachten zuging. Auch benahm sich die Gans außerordentlich manierlich. Bei Tag ging sie mit Peter spazieren und hielt sich getreulich an seiner Seite wie ein guter Kamerad, wobei sie ihren Kopf stolz hoch trug und ihren kleinen Freund mit ihrem Geplapper aufs Beste unterhielt. Sie erzählte dem Peterle, wie man die verschiedenen schmackhaften oder bitteren Gräser und Kräuter unterscheiden könne, wie ihre Geschwister – die Wildgänse – im Herbst nach Süden in wärmere Länder zögen und wie umgekehrt die Schneegänse sich am wohlsten in

Eisgegenden fühlten. So viel konnte Auguste dem Peterle erzählen, und auf all sein „Warum" und „Weshalb" antwortete sie gern und geduldig. Auch die anderen Kinder gewöhnten sich immer mehr an Auguste. Peterle aber liebte seine Gustje so, dass beide schier unzertrennlich wurden. So kam es, dass eines Abends, als Peterle vom Bett aus noch ein paar Fragen an Gustje richtete, diese zu ihrem Freund einfach ins Bett schlüpfte, um sich leiser und ungestörter mit ihm unterhalten zu können. Elli und Gerda gönnten dem Brüderchen die Freude.

Am frühen Morgen aber, als die Kinder noch schliefen, hopste Auguste wieder in ihre Kiste am Boden, steckte ihren Kopf unter die weißen Flügel und tat, als sei nichts geschehen. Doch das Weihnachtsfest rückte näher und näher. Eines Mittags meinte der Sänger Löwenhaupt plötzlich zu seiner Frau, dass es mit Auguste nun „so weit wäre". Mutter Löwenhaupt machte ihrem Mann erschrocken ein Zeichen, in Gegenwart der Kinder zu schweigen. Nach Tisch, als der Sänger Luitpold Löwenhaupt mit seiner Frau allein war, fragte er sie, was das seltsame Gebaren zu bedeuten habe? Und nun erzählte Mutter Löwenhaupt, wie sehr sich die Kinder – vor allem Peterle – an Auguste, die Gans, gewöhnt hätten und dass es ganz unmöglich sei ...

„Was ist unmöglich?", fragte Vater Löwenhaupt. Die Mutter schwieg und sah ihn nur an.

„Ach so!", grollte Vater Löwenhaupt. „Ihr glaubt, ich habe die Gans als Spielzeug für die Kinder gekauft? Ein nettes Spielzeug! Und ich? Was wird aus mir?"

„Aber Luitpold, verstehe doch!", suchte die Mutter ihn zu beschwichtigen.

„Natürlich, ich verstehe ja schon!", zürnte der Vater. „Ich muss wie stets hintenanstehn!"

Und als habe diese furchtbare Feststellung seine sämtlichen Energien entfesselt, donnerte er jetzt los: „Die Gans kommt auf den Weihnachtstisch mit Rotkraut und gedünsteten Äpfeln! Dazu wurde sie gekauft! Und basta!" Eine Tür knallte zu. Die Mutter wusste, dass in diesem Stadium mit einem Mann und dazu noch mit einem Opernsänger nichts anzufangen war. Sie setzte sich in ihr Zimmer über ihre Näharbeit und vergoss ein paar Tränen. Dann beriet sie mit ihrer Hausgehilfin Theres, was zu tun sei, da bis Weihnachten nur noch eine Woche war. Sollte man eine andere, schon gerupfte und ausgenommene Gans kaufen? Doch dazu reichte das Haushaltungsgeld nicht. Aber was würde man, wenn die Gans Auguste nicht mehr da wäre, den Kindern sagen? Durfte man sie überhaupt belügen? Und wer im Haus würde es fertigbringen, Auguste ins Jenseits zu senden?

„Soll es der Herr selbst tun!", schlug Theres vor. Die Mutter fand diesen Rat nicht schlecht, zumal ihr Mann zu der Gans nur geringe persönliche Beziehungen hatte. Als nun der Sänger Luitpold Löwenhaupt abends aus der Oper heimkam, wo er eine Heldenpartie gesungen hatte, und die Mutter ihm jenen Vorschlag machte, erwiderte er: „Oh, ihr Weibervolk! Wo ist der Vogel?" Theres sollte leise die Gans herunterholen. Natürlich wachte Auguste auf und schrie sofort aus vollem Halse: „... ick will min Ruh, min Ruh, lat mi in min Truh!"

Peterle und die Schwestern erwachten, es gab einen Höllenspektakel. Die Mutter weinte, Theres ließ die Gans flattern; diese segelte hinunter in den Hausflur. Vater Löwenhaupt, der jetzt zeigen wollte, was ein echter Mann und Hausherr ist, rannte hinter Auguste her, trieb sie in die Ecke, griff mutig zu und holte aus der Küche einen Gegenstand. Während die Mutter die Kinder oben im Schlafzimmer hielt, ging der Vater mit der Gans in die entfernteste, dunkelste Gartenecke, um sein Werk zu vollbringen. Die Gans Auguste aber schrie Zeter und Mordio, indessen die Mutter und Theres lauschten, wann sie endgültig verstummen werde. Aber Auguste verstummte nicht, sondern schimpfte auch im Garten immerzu. Schließlich trat Stille ein. Der Mutter liefen die Tränen über die Wangen, und auch Peterle jammerte: „Wo ist meine Gustje? Wo ist Gustje?" Jetzt knarrte drunten die Haustür. Die Mutter eilte hinunter. Vater Löwenhaupt stand mit schweißbedecktem Gesicht und wirrem Haar da ... doch ohne Auguste.

„Wo ist sie?", fragte die Mutter. Draußen im Garten hörte man jetzt wieder schnatterndes Schimpfen: „Ick will min Ruh, ick will min Ruh! Lat mi in min Truh!"

„Ich habe es nicht vermocht. Oh, dieser Schwanengesang!", erklärte Vater Löwenhaupt. Man brachte also die unbeschädigte Auguste wieder hinauf zu Peterle, das ganz glücklich seine „Gustje" zu sich nahm und, sie streichelnd, einschlief. Inzwischen brütete Vater Löwenhaupt, wie er dennoch seinen Willen durchsetzen könne, wenn auch auf möglichst schmerzlose Art. Er dachte und dachte nach, während er sich in bläulich graue Wolken dichten Zigarrenrauches hüllte. Plötzlich kam ihm die Erleuchtung. Am nächsten Tag mischte er der Gans Auguste in ihren Kartoffelbrei zehn aufgelöste Tabletten Veronal, eine Dosis, die ausreicht, einen erwachsenen Menschen in einen tödlichen Schlaf zu versetzen. Damit musste sich auch die Mutter einverstanden erklären. Tatsächlich begann am folgenden Nachmittag die Gans Auguste nach ihrer Mahlzeit seltsam umherzutorkeln, wie eine Traumtänzerin von einem Bein auf das andere zu treten, mit den Flügeln dazu zu fächeln und schließlich nach einigen langsamen Kreiselbewegungen sich mitten auf dem Küchenboden hinzulegen und zu schlafen. Vergebens versuchten die Kinder, sie zu wecken. Auguste bewegte etwas die Flügel und rührte sich nicht mehr. „Was tut Gustje?", fragte Peterle. „Sie hält ihren Winterschlaf, erklärte ihm der Vater Löwenhaupt und wollte sich aus dem Staube machen. Aber Peterle hielt ihn fest. „Weshalb hält Gustje jetzt den Winterschlaf?"

„Sie muss sich ausruhen für den Frühling." Doch Vater Löwenhaupt war es nicht wohl bei dem Examen. Er konnte seinem Söhnchen Peterle nicht in die Augen sehen. Auch die Mutter und das Hausmädchen Theres gingen den Kindern aus dem Wege. Peterle trug seine bewegungslose Freundin Gustje zu sich hinauf in die kleine Kiste. Als die Kinder nun schliefen, holte Theres die Gans hinunter und begann sie – da Vater Löwenhaupt versicherte, die zehn Veronaltabletten würden einen Schwergewichtsboxer unweigerlich ins Jenseits befördert haben – Theres begann,

wobei ihr die Tränen über die Wangen rollten, die Gans zu rupfen und sie dann in die Speisekammer zu legen. Als Vater Löwenhaupt seiner Frau „Gute Nacht" sagen wollte, stellte sie sich schlafend und antwortete nicht. Bei Nacht wachte er auf, weil er neben sich ein leises Schluchzen vernahm. Auch Theres schlief nicht; sie überlegte, was man den Kindern sagen werde. Zudem wusste sie nicht, hatte sie im Traum Auguste schnattern gehört: „Lat mi in Ruh, lat mi in Ruh! Ick will in min Truh!" So kam der Morgen. Theres war als Erste in der Küche. Draußen fiel in dicken Flocken der Schnee. Was war das? Träumte sie noch? Aus der Speisekammer drang ein deutliches Geschnatter. Unmöglich! Wie Theres die Kammer öffnete, tapste ihr schnatternd und schimpfend die gerupfte Auguste entgegen. Theres stieß einen Schrei aus; ihr zitterten die Knie. Auguste aber schimpfte: „Ick frier, als ob ick keen Federn nich hätt, man trag mich gleich wieder in Peterles Bett!" Jetzt waren auch die Mutter und Vater Löwenhaupt erschienen. Der Vater bedeckte mit seinen Händen die Augen, als stünde da ein Gespenst. Die Mutter aber sagte zu ihm: „Was nun?"

„Einen Kognak! Einen starken Kaffee!", stöhnte der Vater und sank auf einen Stuhl.

„Jetzt werde ich die Sache in die Hand nehmen!", erklärte die Mutter energisch. Sie ordnete an, dass Theres den Wäschekorb bringe und eine Wolldecke. Dann umhüllte sie die nackte frierende Gans mit der Decke, legte sie in den Korb und tat noch zwei Krüge mit heißem Wasser an beide Seiten. Vater Löwenhaupt, der inzwischen zwei Kognaks hinuntergekippt hatte, erhob sich leise vom Stuhl, um aus der Küche zu verschwinden. Doch die Mutter hielt ihn fest; sie befahl: „Gehe sofort in die Breite Straße und kaufe fünfhundert Gramm gute weiße Wolle!"

„Wieso Wolle?"

„Geh, und frag nicht!"

Vater Löwenhaupt war noch so erschüttert, dass er nicht widersprach, seinen Hut und Überzieher nahm und eiligst das Haus verließ. Schon nach einer Stunde saßen die Mutter und Theres im Wohnzimmer und begannen, für Auguste aus weißer Wolle einen Pullover zu stricken. Am Nachmittag nach Schulschluss halfen ihnen die Töchter Elli und Gerda. Peterle aber durfte seine Gustje auf dem Schoß halten und ihr immer den neuen entstehenden Pullover, in dem für die Flügel, den Hals, die Beine und den kleinen Sterz Öffnungen bleiben mussten, anprobieren helfen. Bereits am Abend war das Kunstwerk beendet. Schnatternd und schimpfend, aber doch nicht mehr frierend, stolzierte Auguste nun in ihrem wunderschönen weißen Wollkleid durchs Zimmer. Peterle sprang um sie herum und freute sich, dass Gustjes Winterschlaf so schnell zu Ende war, dass er wieder mit ihr spielen und sich unterhalten konnte. Auguste aber schimpfte: „Winterschlaf ist schnakkeschnick; hätt ick min Federn bloß zurück!"

Als Vater Löwenhaupt zum Abendessen kam und Auguste in ihrem schicken Pullover mit Rollkragen um den langen Gänsehals dahertapsen sah, meinte er: „Sie ist schöner als je! So ein Exemplar gibt es auf der ganzen Welt nicht mehr!"

Die Mutter aber erwiderte hierauf nichts, sondern sah ihn bloß an. Natürlich musste man für Auguste noch einen zweiten Pullover stricken, diesmal einen grau-blauen, zum Wechseln, wenn der weiße gewaschen wurde.

Natürlich nahm Auguste als wesentliches Mitglied der Familie groß am Weihnachtsfest teil. Natürlich war Auguste auch das am meisten bewunderte Lebewesen des ganzen Stadtteils, wenn Peterle mit der Weihnachtsgans in ihrem schmucken Sweater spazieren ging. Und als der Frühling kam, war der Auguste bereits wieder ein warmer Federflaum gewachsen. So konnte man den Pullover mit den anderen Wintersachen einmotten. Gustje aber durfte jetzt sogar beim Mittagstisch auf dem Schoß von Peterle sitzen, wo sie ihr kleiner Freund mit Kartoffelstückchen fütterte. Sie war der Liebling der ganzen Familie. Und der Vater Löwenhaupt bemerkte immer wieder stolz: „Na, wer hat euch denn Auguste mitgebracht? Wer?" Die Mutter sah ihn an und lächelte. Peterle jedoch echote: „Ja, wer hat Gustje uns mitgebracht?"; dann hob er seine Gustje empor und ließ sie dem Vater „einen Kuss" geben, was bedeutete, dass Auguste den Vater Löwenhaupt schnatternd mit ihrem Schnabel in die Nase zwickte.

Spätabends im Bett aber fragte Peterle seine Gustje, indem er sie fest an sich drückte: „Warum hast du denn vor Weihnachten den Winterschlaf gehalten?" Und Gustje antwortete schläfrig: „Weil man mir die Federn rupfen wollte."

„Und warum wollte man dir die Federn rupfen?"

„Weil man mir dann einen Pullover stricken konnte", gähnte Gustje, halb schon im Schlaf.

„Und warum wollte man dir denn einen Pullover ..." Aber da geht es auch bei Peterle nicht mehr weiter. Mit seiner Gustje im Arm ist er glücklich eingeschlafen.

Friedrich Wolf

Der Spatz

Vor dem Hause auf dem Platz,
sitzt ein kleiner frecher Spatz.
Dreht sein Köpfchen hin und her.
„Piep", sagt er und freut sich sehr.
Plötzlich wird er aufgeregt,
denn es hat sich was bewegt!
Leise, leise schleicht zum Platze,
Pussi, eine Miezekatze.
Doch der kleine freche Spatz
ist viel schneller als die Katz'!
Husch-husch-husch und fort ist er.
Miezekatz schaut hinterher.

Verfasser unbekannt

Die Geschichte vom Weihnachtsbraten

Einmal fand ein Mann am Strand eine Gans. Tags zuvor hatte der Novembersturm getobt. Sicher war sie zu weit hinausgeschwommen, dann abgetrieben und von den Wellen wieder an Land geworfen worden. In der Nähe hatte niemand Gänse. Es war eine richtige weiße Hausgans. Der Mann steckte sie unter seine Jacke und brachte sie seiner Frau: „Hier ist unser Weihnachtsbraten." Beide hatten noch niemals ein Tier gehabt, darum hatten sie auch keinen Stall. Der Mann baute aus Pfosten, Brettern und Dachpappe einen Verschlag an der Hauswand. Die Frau legte Säcke hinein und darüber einen alten Pullover. In die Ecke stellte sie einen Topf mit Wasser. „Weißt du, was Gänse fressen?", fragte sie. „Keine Ahnung", sagte der Mann. Sie probierten es mit Kartoffeln und mit Brot, aber die Gans rührte nichts an. Sie mochte auch keinen Reis und nicht den Rest vom Sonntagsnapfkuchen. „Sie hat Heimweh nach anderen Gänsen", sagte die Frau. Die Gans wehrte sich nicht, als sie in die Küche getragen wurde. Sie saß still unter dem Tisch. Der Mann und die Frau hockten vor ihr, um sie aufzumuntern. „Wir sind eben keine Gänse", sagte der Mann. Er setzte sich auf seinen Stuhl und suchte im Radio nach Blasmusik. Die Frau saß neben ihm am Tisch und klapperte mit den Stricknadeln. Es war sehr gemütlich. Plötzlich fraß die Gans Haferflocken und ein wenig vom Napfkuchen. „Er lebt sich ein, der liebe Weihnachtsbraten", sagte der Mann. Bereits am anderen Morgen watschelte die Gans überall herum. Sie streckte den Hals durch offene Türen, knabberte an der Gardine und machte einen Klecks auf den Fußabstreifer. Es war ein einfaches Haus, in dem der Mann und die Frau wohnten. Es gab keine Wasserleitung, sondern nur eine Pumpe. Als der Mann einen Eimer voll Wasser pumpte, wie er es jeden Morgen tat, ehe er zur Arbeit ging, kam die Gans, kletterte in den Eimer und badete. Das Wasser schwappte über und der Mann musste noch einmal pumpen. Im Garten stand ein kleines Holzhäuschen, das war die Toilette. Als die Frau dorthin ging, lief die Gans hinterher und drängte sich mit hinein. Später ging sie mit der Frau zusammen zum Bäcker und in den Milchladen. Als der Mann am Nachmittag auf seinem Rad von der Arbeit kam, standen die Frau und die Gans an der Gartenpforte. „Jetzt mag sie auch Kartoffeln", erzählte die Frau. „Brav", sagte der Mann und streichelte der Gans über den Kopf, „dann wird sie bis Weihnachten rund und fett." Der Verschlag wurde nie benutzt, denn die Gans blieb jede Nacht in der warmen Küche. Sie fraß und fraß. Manchmal setzte die Frau sie auf die Waage und jedes Mal war sie schwerer. Wenn der Mann und die Frau am Abend mit der Gans zusammensaßen, malten sich beide die herrlichsten Weihnachtsessen aus. „Gänsebraten und Rotkohl, das passt gut", meinte die Frau und kraulte die Gans auf ihrem Schoß. Der Mann hätte zwar statt Rotkohl lieber Sauerkraut gehabt, aber die Hauptsache waren für ihn die Klöße. „Sie müssen so groß sein wie mein Kopf und alle genau gleich", sagte er. „Und aus rohen Kartoffeln", ergänzte die Frau. „Nein, aus gekochten", behauptete der Mann. Dann einigten sie sich auf Klöße halb aus rohen und halb aus gekochten Kartoffeln. Wenn sie ins Bett gingen, lag die Gans am Fußende und wärmte sie. Mit einem Mal war Weihnachten da. Die Frau schmückte einen kleinen Baum. Der Mann radelte zum Kaufmann und holte alles, was sie für den großen Festschmaus brauchten. Außerdem brachte er ein Kilo extrafeiner Haferflocken. „Wenn es auch ihre letzten sind", seufzte er, „soll sie doch wissen, dass Weihnachten ist." „Was ich sagen wollte", meinte die Frau, „wie, denkst du, sollten wir ... ich meine ... wir müssten doch nun ..." Aber weiter kam sie nicht. Der Mann sagte eine Weile nichts. Und dann: „Ich kann es nicht." „Ich auch nicht", sagte die Frau. „Ja, wenn es eine x-Beliebige wäre. Aber nicht diese hier. Nein, ich kann es auf gar keinen Fall." Der Mann packte die Gans und klemmte sie in den Gepäckträger. Dann fuhr er auf dem Rad zum Nachbarn. Die Frau kochte inzwischen den Rotkohl und machte Klöße, einen genauso groß wie den anderen. Der Nachbar wohnte zwar ziemlich weit weg, aber doch nicht so weit, dass es eine Tagesreise hätte werden müssen. Trotzdem kam der Mann erst am Abend wieder. Die Gans saß friedlich hinter ihm. „Ich habe den Nachbarn nicht angetroffen, da sind wir etwas herumgeradelt", sagte er verlegen. „Macht gar nichts", rief die Frau munter, „als du fort warst, habe ich mir überlegt, dass es den feinen Geschmack des Rotkohls und der Klöße nur stört, wenn man noch etwas anderes dazu auftischt." Die Frau hatte recht und sie hatten ein gutes Essen. Die Gans verspeiste zu ihren Füßen die extrafeinen Haferflocken.

Später saßen sie alle drei nebeneinander auf dem Sofa in der guten Stube und sahen in das Kerzenlicht. Übrigens kochte die Frau im nächsten Jahr zu den Klößen zur Abwechslung Sauerkraut. Im Jahr darauf gab es zum Sauerkraut breite Bandnudeln. Das sind so gute Sachen, dass man nichts anderes dazu essen sollte. Inzwischen ist viel Zeit vergangen. Gänse werden sehr alt.

Margret Rettich

Rotkehlchen

Rotkehlchen auf dem Zweige hupft,
wipp, wipp,
hat sich ein Beerlein abgezupft,
knipp, knipp,
lässt sich zum klaren Bach hernieder,
tunkt's Schnäblein ein und hebt es wieder,
stipp, stipp, stipp, stipp,
und schwingt sich wieder in den Flieder.

Es singt und piepst
ganz allerliebst,
zipp, zipp, zipp, zipp, tirili,
sich seine Abendmelodie,
steckt's Köpfchen dann ins Federkleid
und schlummert bis zur Morgenzeit.

Wilhelm Busch

Der Vögel Abschied

Ade, ihr Felsenhallen,
du schönes Waldrevier,
die falben Blätter fallen,
wir ziehen weit von hier.

Träumt fort im stillen Grunde!
Die Berg stehn auf der Wacht,
die Sterne machen Runde
die lange Winternacht.

Und ob sie all verglommen,
Die Täler und die Höhn –
Lenz muss doch wiederkommen
und alles auferstehn!

Joseph Freiherr von Eichendorff

Der Sperling am Fenster

Sag', Kind, wie hat der Spatz gesagt?
Was siehst mich an? Fällt dir's nicht ein? –
„Er sagt: Ich bin der Herr im Dorf,
das best' und erste Korn ist mein!" –

Und wie der Herbst den Kehraus macht,
was tut mein Spatz, der große Herr? –
„Er sucht den Abfall auf der Straß',
der Hunger plagt ihn gar zu sehr."

Und wie der Winter deckt das Land,
was tut mein Spatz in seiner Not? –
„Da pocht er an das Fenster an
und bettelt um ein bissel Brot." –

„Ach, Mutter, gib ihm was, ihn friert" –
Das hat kein' Eil, erst lass mal sehn:
Was fällt dir bei dem Spatz wohl ein?
Meinst nicht, es könnt' auch dir so gehn?

Kind, wird's dir wohl und geht's dir gut,
sag' nicht: Ich bin ein reicher Mann,
und iss nicht Braten alle Tag'!
's kommt anders, eh' du denkst daran.

Iss nicht das Knusprige vom Brot
und wirf die weichen Krumen fort; –
's ist deine Art – es kommt 'ne Zeit,
du sehnst dich nach den Krumen dort.

Ein blauer Montag währt nicht lang',
die Woche hat noch manche Stund',
und manche Woche läuft durchs Dorf,
bis endlich kommt die letzte Stund'.

Und was in seiner Frühlingszeit
man lernt, das ist für's Leben doch!
Was man in seinem Sommer spart,
im späten Herbst erquickt es noch.

Kind, denk mir dran und halt' dich gut! –
„Ach, Mutter, sieh: der Spatz will gehn!" –
So geh und streu ihm Hirsen hin,
er kommt zurück, du wirst es sehn.

Johann Peter Hebel

Rotkehlchen

Bleib' schützend nur bei deinen Jungen
ich störe nicht dein trautes Nest,
ich lausche, ob was du gesungen,
die junge Brut auch hören lässt.
Ich seh' so gern dein emsig Schaffen
wie du den Kleinen Futter bringst,
wie sie so ängstlich dich begaffen
wenn du dich in die Lüfte schwingst.

Ich seh' dein Kommen und dein Fliegen,
dein Sorgen um den lieben Herd –
o wär' doch aller Kinder Wiegen
solch' sorgend Mutterherz beschert! –
O wären alle so geschäftig
sich um die Kleinen zu bemüh'n
wie würd' der Menschenschlag so kräftig
in üppiger Entfaltung blüh'n! –

Karl Stelter

Die Vögel

In diesem Wald, in diesen Gründen
herrscht nichts, als Freiheit, Lust und Ruh.
Hier sagen wir der Liebe zu,
im dicksten Schatten uns zu finden:
Da find' ich dich, mich findest du.

Hier paaren sich Natur und Liebe,
die Jugend und die Fröhlichkeit,
die Lust und die Gelegenheit:
Und macht Gelegenheit ja Diebe;
so wird der Raub der Lust geweiht.

Die Vögel lieben hier und singen.
Es liebt, der in den Lüften schwebt;
es liebt, was kaum der Fittich hebt
und suchet aus dem Nest zu dringen:
weil alles nach der Freiheit strebt.

Die Nachtigall in diesen Sträuchen
gleicht durch die süße Stimme dir;
in ihrer Scherzlust gleicht sie mir:
Und sucht, uns beiden mehr zu gleichen,
die sichern Schatten, so wie wir.

Die Lerche steiget in die Höhe.
Ihr buhlerischer Lustgesang
verehrt und lobet lebenslang
die freie Liebe, nicht die Ehe;
die stete Wahl, und keinen Zwang.

Wie scherzt und hüpfet durch die Felder
die oft gepaarte Wachtelbrut!
Die frohen Schläge, die sie tut,
erschallen in die nahen Wälder
und tönen nur von Lust und Mut.

Wie buhlen dort die Turteltauben:
Wer kann ihr Girren nicht verstehn?
Die Liebe macht es doppelt schön,
und will und soll uns auch erlauben,
das Schnäbeln ihnen abzusehn.

Der Sperling teilt sein kurzes Leben
in Zwitschern und in Lieben ein.
Man weiß, er liebet ungemein:
Will man sein Singen nicht erheben,
so wird er wohl zu trösten sein.

Noch eh' wir uns von hier entfernen,
nimm jetzt nebst mir doch den Entschluss,
bei jedem Scherz, bei jedem Kuss
den Vögeln etwas abzulernen,
das dir und mir gefallen muss.

Friedrich von Hagedorn

Betrachtung der Vögel

Nachdem ich mancherlei Geschöpfe schon beschrieben,
kann ich nicht länger widerstehn
der Neigung, die mich längst getrieben,
von allen Tieren, die so schön,
die schönst- und zierlichsten, die Vögel, zu besehn;
um in derselben Bau, Geschwindigkeit und Pracht,
die Wunder des, der sie gemacht,
mit Tausend Freuden zu besingen.

Ach! lass, was ich von ihrem Heer
zu deines Namens Preis und Ehr',
o Schöpfer, schreibe, wohl gelingen!

Befiedertes Geschöpf, das mit geschwinden Schwingen,
bald in der dünnen Luft, und bald in dicken Wäldern,
auf hohen Zweigen bald, und bald in flachen Feldern,
bald schwebt, bald hüpft, bald springt, bald fliegt,
und das mit Schweben, Hüpfen, Springen,
mit raschem Fliegen, hellem Singen,
sowohl sich selbst, als uns vergnügt;
du zeigest der Vernunft, die dich betrachtet,
und auf dein sonderlich gebildet Wesen achtet,
ein neues Feld voll Wunder, voller Macht,
und voller Weisheit des, der dich hervorgebracht.

Wie Blumen für die Nas', und gleichfalls für's Gesicht,
bewundernswürdig zugericht';
so scheint der Vögel Schar für Augen und für Ohren
recht eigentlich erschaffen und erkoren.

Wer kann die zierliche Figur,
der Farben Glanz, dein schnell Gefieder,
die Hurtigkeit der leichten Glieder,
bewundernswerte Kreatur,
ohn' Anmut, ohne Freude, sehn?

Wenn sie sich schnell durch dünne Lüfte schwingen,
recht wie ein Pfeil durch dichte Blätter dringen;
wenn sie behend und rasch von Zweig zu Zweigen springen,
mit schlankem Hals ihr kleines Köpfchen drehn,
durch Sträucher schlupfen, schweben, fliegen,
mit schwanken Zweigen sich bald auf-, bald abwärts wiegen,
bald auf ein steifes Ästchen setzen,
ihr Schnäbelchen von beiden Seiten wetzen,
bald vor-, bald hinterwärts, bald hüpfen, und bald stehn,
bald an ein kleines Zweiglein hangen,
bald eine Flieg' im Fluge, fangen;
sich jetzt in dick verwachs'ne Hecken,
mit schwirrendem Gepfeif, verstecken;
behende wiederum erscheinen, und von Neuem,
mit zwitscherndem Geräusch und Tausend Gauckeleien,
so Aug' als Ohr erfreuen.

Wenn, sag' ich, dies ihr flüchtig Wesen
ein auch nicht aufgeräumt Gemüt
mit aufmerksamem Ohr und Blicken hört und sieht,
wird es von seinem Gram genesen.
Es wird der Vögel Munterkeit,
ihr frohes Hüpfen, Scherzen, Springen,
ihr helles, sorgenfreies Singen,
fast wider seinen Willen, ihn
aus seiner tiefen Schwermut ziehn.
Zumal wenn er dabei gedenket,
dass, der den Vögeln Nahrung schenket,
für ihn auch, hier auf dieser Erde,
schon für die Notdurft sorgen werde.
Ach möcht', auf diese Weis', ein jedes Vögelein,
mein Leser, dir und mir ein lehrend Beispiel sein!

Erwäget ferner noch, geliebte Menschen, hier
der Vögel Form und Flug mit mir.
Der kleine Körper ist fast einem Schiffchen gleich,
woran der Schwanz das Steuer, die Flügel Ruder sind.
Mit diesen teilen sie den Wind
und schwimmen durch der Lüfte Reich.
Dies Flugwerk zeiget uns so viele Wunder an,
dass man das Werkzeug nie genug bewundern kann.

Dass sie die Flügel nicht von vorn nach hinten biegen,
wie man die Ruder braucht; wohl aber, wenn sie fliegen,
von oben unterwärts, ist zu bewundern wert:
Weil sie dadurch nicht nur die dünnen Lüfte spalten,
nein, auch zugleich dadurch sich in der Höhe halten.

Damit sie weniger, in ihrer Fahrt, beschwert,
hat ihnen die Natur, um fertiger zu schweben,
der Flügel untern Teil recht ausgehöhlt gegeben,
den obern aber rund, und halb gewölbt, formiert;
damit sie oberwärts leicht durch die Luft geführt,
und ohne Widerstand sich fertig aufwärts ziehn,
hingegen unterwärts viel Luft zusammenfassen.
Und dadurch, von der Luft, sich könnten tragen lassen.
Das kleinste Teil ist nur am Körper fest,
wodurch er sich noch stärker schwingen lässt.

Betrachten wir der Fittichen Figur,
Kraft, Wesen und Gebrauch; mein Gott! wie zeiget sich
in diesem Werkzeug die Natur
so künst- und so verwunderlich!
Sie müssen leicht sein, steif und weich,
damit der Vogel könne fliegen;
und sie sind leicht, und steif, und weich zugleich:
Weich sind sie, damit sie sich biegen;
steif, durch der Federn dünn' und hörnicht Wesen,
das, recht mit großem Fleiß, zu diesem Werk erlesen,
weil dessen Dehnungskraft die Eigenschaft ihr bringt,
dass sie von selbst gerade wieder springt.
damit sie auch, im Flug, den Vogel nicht beschweren,
so sind sie leicht durch ihre hohlen Röhren.

An einem jeden Federkiel
erblicket man unzählig viel
noch immer mehr verkleinter Federn Spitzen,
die schuppenweis' in sich vereinet sitzen;
wodurch die Luft sich nicht vermag zu drängen,
sodass sie, in der Luft, dadurch bequemer hängen.
In jedem Zäserchen, wenn man es wohl beachtet,
und, durch ein Größ'rungsglas, dasselbige betrachtet,
trifft man,
mit fast erstauntem Aug', ein' eig'ne Feder an,
die ja so schön gebildet und formiert.
Sie ist mit ja so vielen Ecken,
als ihre Mutter selbst, geziert.

Was können wir für Wunder mehr entdecken,
wenn wir, auf welche Art die Vögel gehen, stehn,
und auf den Zweigen sitzen, sehn.
Es sind drei Biegungen an jedem Bein zu finden,
die sich mit einer Nerv', auf solche Art, verbinden,
dass, da gedachte Nerv' um alle die drei Glieder,
von oben ab hernieder
bis um und in die Zehe geht,
sobald ein Vogelfuß gerade steht,
die Zehe sich bequem verbreiten,
und auseinander spreiten.
Wenn aber sich das Bein mit seinen Gliedern krümmt,
die Nerve sich einfolglich dehnen muss;
so ziehet er den ganzen Fuß,
nebst allen Zehen, fest zusammen:
Wodurch der Vogel denn verschied'ne Vorteil' nimmt,
die all' aus diesem Grunde stammen.
Da nicht allein ein Vogel, welcher schwimmt,
ohn' ein so künstliches Zusammenziehn,
indem das Wasser vorn ihm widerstehen würde,
um fortzugehn sich würd' umsonst bemühn;
nein, sondern auch an Vögeln, so auf Spitzen,
und auf der Bäume Zweigen sitzen,
sind eben, weil die Beine krumm gebogen,
durch die gedehnte Nerv', die Zehe krumm gezogen;
sodass dadurch der Ast,
durch ihres Körpers eig'ne Last,
so fest beklemmt wird und umfasst,
dass, auch sogar im Schlaf, und gegen Sturm und Wind,
für Sturz und Fall sie sicher sind.

Lass solche Wunder doch, o Mensch, nicht aus der Acht,
betrachte sie, und rühm', in ihnen, dessen Macht,
der alle Ding' hervorgebracht.

Wenn wir nun ferner überlegen,
und, in der Vögel Reich', erwägen
den wunderbaren Unterscheid
an Größe, Zier, Beschaffenheit,
Veränd'rung, Farben, und Figur,
Flug, Nahrung, Wohnung und Natur;
erstaunen wir mit Recht, weil sie fast nicht zu zählen.
Doch teilet man sie insgemein
in Wasser-, Feld-, Haus-, Raub- und Singevögel ein,
wovon wir denn für jetzt nur bloß die Letzten wählen.

Wenn uns, in holder Frühlingszeit,
bei reiner Luft und heiterm Wetter,
ein jüngst begrünter Wald zwar Millionen Blätter,
doch noch mehr Lust und Lieblichkeit
in seinem grünen Schatten zeiget;
wenn von der kleinen Sänger Schar
so mancher Zweig, bald hier, bald da,
sich, durch den schnellen Flug und frohes Hüpfen, beuget,
erfüllt ihr liederreicher Chor
und helles Gurgeln Luft und Ohr,
sodass, vom Locken, Schlagen, Singen
und zwitscherndem Geräusch, so Berg als Tal erklingen.

Wie lieblich musiziert und singet, Gott zum Preise,
der Stieglitz, Emmerling, der Hänfling und die Meise,
das Zeischen und der Finck, zumal die Nachtigall,
wenn sie, mit hellerm Ton und weit geschärftem Schall,
durch's zwitschernde Geräusch so vieler Sänger dringet,
und künstlicher als alle singet!

Warum nun glauben wir, dass sich das kleine Heer,
mit solch unzähligen Veränd'rung und Manieren
so lieblich, angenehm und süß zu musizieren,
mit solchem Fleiß bestrebt'? Ist es ein Ungefähr,
dass sie so singen heißt? Ach nein!
Wo wir vernünftig sein,
so kann man ja wohl anders nicht gedenken,
als dass der große Schöpfer ihnen,
um ihm, auf ihre Art, zu seiner Ehr', zu dienen,
und auch zugleich uns mit dahin zu lenken,
die Werkzeug', Fähigkeit, und Lust dazu zu schenken,
sie wert gehalten hat. Es kommt mir vor,
als ob der kleinen Sänger Chor,
damit er dem Lob, Preis und Ehre gebe,
durch den allein die Wälder grünen,
dem alle Kreaturen dienen,
so süß zu singen sich bestrebe.
Mich deucht, kann ich gleich nicht der Vögel Sprach' ergründen,
in ihrem Singen, dies zu finden:

„Es ist bloß deine Gnad' allein,
O HERR, dass wir erschaffen sein.
Wir können an des Frühlings Schätzen
und Lieblichkeiten uns ergötzen.
Unzählig sind die Wunder, die die Welt,
zu unsrer Anmut, in sich hält.
Mit wie so mancher Freud' und Wonne,
mit wie viel Lieblichkeit und Lust
erfüllet unsre kleine Brust
der Wärm' und Strahlen Quell, die Sonne!
Wie schön, wie wunderschön
sind Erd' und Himmel anzusehn!

Dass wir so schnell die Schwingen regen,
so fert- und hurtig uns bewegen,
ist einzig uns von dir verliehn.
So wollen wir auch, dich zu ehren,
und Preis, und Ruhm, und Dank dir zu gewähren,
mit allen Kräften uns bemühn.
Und weil wir denn von allen Gaben
nichts edlers als die Stimmen haben,
so lassen wir sie denn ohn' Unterlass erklingen.
Wir können zwar, o Schöpfer, deine Macht
und Majestät, in deiner Werke Pracht,
nicht, nach Verdienst, erhöhen und besingen,
noch deiner Wunder Meng' erzählen:
Doch können wir vielleicht, mit unsrer kleinen Kehlen
bewundernswerten Lieblichkeiten,
vollkomm'nere Geschöpf', als wir,
nebst uns, zur Lust und Andacht leiten."

Ja, ja! So singen sie, ob wir's gleich nicht verstehn.
Und wenn sie den Gesang auch selber nicht verstünden;
so sollten wir dennoch, die wir viel weiter sehn,
den Inhalt ihrer Lieder finden,
uns, durch empfund'ne Lust, zu ihrem Schöpfer lenken,
und seinen Ruhm stets zu vermehren denken.

Da uns die Lieblichkeit der süßen Stimmen rührt,
und uns recht in die Seele dringet;
wodurch, indem sie uns mit Recht zum Schöpfer führt,
Dank, Ehrfurcht, Lieb' und Lob, aus unsrer Lust, ent-
springet;
so lasst uns doch nicht minder uns bemühn,
durch unsre Lust an unsers Schöpfers Werken,
auch edlere Geschöpf' zu seinem Ruhm zu ziehn,
und Engeln, oder sel'gen Seelen,

auch unsre Freude nicht verhehlen:
wenn sie, in unserm Lobgetön',
ein, durch die Kreatur, gerührtes Herze merken;
wenn sie, bei unserer Betrachtung, sehn
ein sehnend Aug' und fröhliche Gebärden,
und, durch dieselbigen, von der, in unsrer Brust,
gefühlten innern Lust
gerührt und überführet werden;
so kann gewiss das helle Schallen
der liederreichen Nachtigallen
der Menschen Ohr so sehr nicht rühren, und gefallen,
als stille Seufzer, frohe Minen,
die ein betrachtetes Geschöpf'
in uns erreget, ihnen
Vergnügen, Anmut und Ergötzen
erregen muss, und sie noch mehr und mehr,
zu ihres Schöpfers Preis und Ehr',
in eine sel'ge Freude setzen.

Wer wollte denn nicht gern,
bei so viel selbst gefühlter Lust,
so gar der Engel Lust, und aller Engel Herrn
Lob, Ehr und Preis, zu mehren, zu erheben,
lobsingend sich bestreben?
Wer wollte nicht, wie uns die Vögel hier auf Erden,
so ihnen dazu gern ein klingend Werkzeug werden?

Barthold Heinrich Brockes

Die Legende vom Vogelnest

Hatto, der Eremit, stand in der Einöde und betete zu Gott. Es stürmte, und sein langer Bart und sein zottiges Haar flatterten um ihn, so wie die windgepeitschten Grasbüschel die Zinnen einer alten Ruine umflattern. Doch er strich sich nicht das Haar aus den Augen noch steckte er den Bart in den Gürtel, denn er hielt die Arme zum Gebet erhoben. Seit Sonnenaufgang streckte er seine knochigen behaarten Arme zum Himmel empor, eben so unermüdlich, wie ein Baum seine Zweige ausstreckt, und so wollte er bis zum Abend stehen bleiben. Er hatte etwas Großes zu erbitten. Er war ein Mann, der viel von der Arglist und Bosheit der Welt erfahren hatte. Er hatte selbst verfolgt und gequält, und Verfolgung und Qualen anderer waren ihm zuteilgeworden, mehr als sein Herz ertragen konnte. Darum zog er hinaus auf die große Heide, grub sich eine Höhle am Flussufer und wurde ein heiliger Mann, dessen Gebete an Gottes Thron Gehör fanden. Hatto, der Eremit, stand am Flussgestade vor seiner Höhle und betete das große Gebet seines Lebens. Er betete zu Gott, den Tag des Jüngsten Gerichts über diese böse Welt hereinbrechen zu lassen. Er rief die Posaunen blasenden Engel an, die das Ende der Herrschaft der Sünde verkünden sollten. Er rief nach den Wellen des Blutmeers, um die Ungerechtigkeit zu ertränken. Er rief nach der Pest, auf dass sie die Kirchhöfe mit Leichenhaufen erfülle. Rings um ihn war die öde Heide. Aber eine kleine Strecke weiter oben am Flussufer stand eine alte Weide mit kurzem Stamm, der oben zu einem großen, kopfähnlichen Knollen anschwoll, aus dem neue, frischgrüne Zweige hervorwuchsen. Jeden Herbst wurden ihr von den Bewohnern des holzarmen Flachlandes diese frischen Jahresschösslinge geraubt. Jeden Frühling trieb der Baum neue geschmeidige Zweige, und an stürmischen Tagen sah man sie um den Baum flattern und wehen, so wie Haar und Bart um Hatto, den Eremiten, flatterten.

Das Bachstelzenpaar, das sein Nest oben auf dem Stamm der Weide zwischen den emporsprießenden Zweigen zu bauen pflegte, hatte gerade an diesem Tage mit seiner Arbeit beginnen wollen. Aber zwischen den heftig peitschenden Zweigen fanden die Vögel keine Ruhe. Sie kamen mit Binsenhalmen und Wurzelfäserchen und vorjährigem Riedgras geflogen, aber sie mussten unverrichteter Dinge umkehren. Da bemerkten sie den alten Hatto, der eben Gott anflehte, den Sturm siebenmal heftiger werden zu lassen, damit das Nest der kleinen Vöglein fortgefegt und der Adlerhorst zerstört werde. Natürlich kann kein heute Lebender sich vorstellen, wie bemoost und vertrocknet und knorrig und schwarz und menschenunähnlich solch ein alter Heidebewohner sein konnte. Die Haut lag so stramm über Stirn und Wangen, dass sein Kopf fast einem Totenschädel glich, und nur an einem kleinen Aufleuchten tief in den Augenhöhlen sah man, dass er Leben besaß. Und die vertrockneten Muskeln gaben dem Körper keine Rundung, der emporgestreckte nackte Arm bestand vielmehr nur aus ein paar schmalen Knochen, die mit verrunzelter, harter, rindenähnlicher Haut überzogen waren. Er trug einen alten, eng anliegenden schwarzen Mantel. Er war braun gebrannt von der Sonne und schwarz von Schmutz. Nur sein Haar und sein Bart waren licht, hatten sie doch Regen und Sonnenschein bearbeitet, bis sie dieselbe graugrüne Farbe angenommen hatten wie die Unterseite der Weidenblätter. Die Vögel, die umherflatterten und einen Platz für ihr Nest suchten, hielten Hatto, den Eremiten, auch für eine alte Weide, die ebenso wie die andre durch Axt und Säge in ihrem Himmelsstreben gehemmt worden war. Sie umkreisten ihn viele Male, flogen weg und kamen zurück, merkten sich den Weg zu ihm, berechneten seine Lage im Hinblick auf Raubvögel und Stürme, fanden sie recht unvorteilhaft, aber entschieden sich doch für ihn, wegen seiner Nähe zum Flusse und dem Riedgras, ihrer Vorratskammer und ihrem Speicher. Eines der Vögelchen schoss pfeilschnell herab und legte sein Wurzelfäserchen in die ausgestreckte Hand des Eremiten.

Der Sturm hatte gerade aufgehört, sodass das Wurzelfäserchen ihm nicht sogleich aus der Hand gerissen wurde, aber in den Gebeten des Eremiten gab es kein Aufhören. „Mögest du bald kommen, o Herr, und diese Welt des Verderbens vernichten, auf dass die Menschen sich nicht mit noch mehr Sünden beladen. Möchtest du die Ungebornen vom Leben erlösen! Für die Lebenden gibt es keine Erlösung."

Nun setzte der Sturm wieder ein, und das Wurzelfäserchen flatterte aus der großen, knochigen Hand des Eremiten fort. Aber die Vogel kamen wieder und versuchten die Grundpfeiler des neuen Heims zwischen seine Finger einzukeilen. Da legte sich plötzlich ein plumper, schmutziger Daumen über die Halme und hielt sie fest,

und vier Finger wölbten sich über die Handfläche, sodass eine friedliche Nische entstand, in der man bauen
konnte. Doch der Eremit fuhr in seinen Gebeten fort.

„Herr, wo sind die Feuerwolken, die Sodom verheerten?
Wann öffnest du des Himmels Schleusen, die die Ar-
che zum Berge Ararat erhoben? Ist das Maß deiner Ge-
duld nicht erschöpft und die Schale deiner Gnade leer?
O Herr, wann kommst du aus deinem sich spaltenden
Himmel?" Und vor Hatto, dem Eremiten, tauchten die
Fiebervisionen vom Tag des Jüngsten Gerichtes auf. Der
Boden erbebte, der Himmel glühte. Unter dem roten Fir-
mament sah er schwarze Wolken von fliehenden Vögeln.
Über den Boden wälzte sich eine Schar flüchtender Tiere.
Doch während seine Seele von diesen Fiebervisionen erfüllt war, begannen seine Augen dem Flug der kleinen Vö-
gel zu folgen, die blitzschnell hin- und herflogen und mit
einem vergnügten kleinen Piepsen ein neues Hälmchen
in das Nest fügten. Der Alte ließ es sich nicht einfallen,
sich zu rühren. Er hatte das Gelübde getan, den ganzen
Tag stillstehend mit emporgestreckten Händen zu be-
ten, um so unsern Herrn zu zwingen, ihn zu erhören. Je
matter sein Körper wurde, desto lebendiger wurden die
Gesichte, die sein Hirn erfüllten. Er hörte die Mauern der
Städte zusammenbrechen und die
Wohnungen der Menschen ein-
stürzen. Schreiende, entsetzte
Volkshaufen eilten an ihm vorbei,
und ihnen nach jagten die Engel der
Rache und der Vernichtung, hohe,
silbergepanzerte Gestalten mit strengem,
schönen Antlitz, auf schwarzen Rossen

reitend und Geißeln schwingend, die aus weißen Blitzen geflochten waren.

Die kleinen Bachstelzen bauten und zimmerten fleißig den ganzen Tag, und die Arbeit machte große Fortschritte. Auf dieser hügeligen Heide mit ihrem steifen Riedgras und an diesem Flussufer mit seinem Schilf und seinen Binsen war kein Mangel an Baustoff. Sie fanden weder Zeit zur Mittagsrast noch zur Vesperruhe. Glühend vor Eifer und Vergnügen flogen sie hin und her, und ehe der Abend anbrach, waren sie schon beim Dachfirst angelangt. Aber ehe der Abend anbrach, hatten sich die Blicke des Eremiten mehr und mehr auf sie geheftet. Er folgte ihnen auf ihrer Fahrt, er schalt sie aus, wenn sie sich dumm anstellten, er ärgerte sich, wenn der Wind ihnen Schaden tat, und am allerwenigsten konnte er es vertragen, wenn sie sich ein bisschen ausruhten. So sank die Sonne, und die Vogel suchten ihre vertrauten Ruhestätten im Schilf auf.

Wer abends über die Heide geht, muss sich herabbeugen, sodass sein Gesicht in gleicher Höhe mit den Erdhügelchen ist, dann wird er sehen, wie sich ein wunderliches Bild von dem lichten Abendhimmel abzeichnet. Eulen mit großen, runden Flügeln huschen über das Feld, unsichtbar für den, der aufrecht steht. Nattern ringeln sich heran, geschmeidig, bebend, die schmalen Köpfchen auf schwanähnlich gebogenen Hälsen erhoben. Große Kröten kriechen träge vorbei. Hasen und Wasserratten fliehen vor den Raubtieren, und der Fuchs springt nach einer Fledermaus, die Mücken über dem Fluss jagt. Es ist, als hätte jedes Erdhügelchen Leben bekommen. Doch unterdessen schlafen die kleinen Vögelchen auf

dem schwankenden Schilf, geborgen vor allem Bösen auf diesen Ruhestätten, denen kein Feind nahen kann, ohne dass das Wasser ausplätschert oder das Schilf zittert und sie aufweckt. Als der Morgen kam, glaubten die Bachstelzchen zuerst, die Ereignisse des gestrigen Tages seien ein schöner Traum gewesen. Sie hatten ihre Merkzeichen gemacht und flogen geradeswegs auf ihr Nest zu, aber das war verschwunden. Sie guckten suchend über die Heide hin und erhoben sich gerade in die Luft, um zu spähen. Keine Spur von einem Nest oder einem Baum. Schließlich setzten sie sich auf ein paar Steine am Flussufer und grübelten nach. Sie wippten mit dem langen Schwanz und drehten das Köpfchen. Wohin waren Baum und Nest gekommen? Doch kaum hatte sich die Sonne um eine Handbreit über den Waldgürtel auf dem jenseitigen Flussufer erhoben, als ihr Baum gewandert kam und sich auf denselben Platz stellte, den er am vorigen Tage eingenommen. Er war ebenso schwarz und knorrig wie damals und trug ihr Nest auf der Spitze von etwas,

was wohl ein dürrer, aufrecht ragender Ast sein musste. Da begannen die Bachstelzchen wieder zu bauen, ohne weiter über die vielen Wunder der Natur nachzugrübeln. Hatto, der Eremit, der die kleinen Kinder von seiner Höhle fortscheuchte und ihnen sagte, es wäre besser für sie, wenn sie niemals das Licht der Sonne gesehen hätten, er, der in den Schlamm hinausstürzte, um den fröhlichen jungen Menschen, die in bewimpelten Booten den Fluss hinaufruderten, Verwünschungen nachzuschleudern; er, vor dessen bösem Blick die Hirten der Heide ihre Herden behüteten, kehrte nicht zu seinem Platz am Fluss zurück, den kleinen Vögeln zuliebe. Aber er wusste, dass nicht nur jeder Buchstabe in den heiligen Büchern seine verborgene mystische Bedeutung hat, sondern auch alles, was Gott in der Natur geschehen lässt. Jetzt hatte er herausgefunden, was es bedeuten konnte, dass die Bachstelzchen ihr Nest in seiner Hand bauten; Gott wollte, dass er mit erhobenen Armen betend dastehen sollte, bis die Vögel ihre Jungen aufgezogen hatten, und vermochte er dies, so sollte er erhört werden.

Doch an diesem Tage sah er immer weniger Visionen des Jüngsten Gerichtes. Stattdessen folgte er immer eifriger mit seinen Blicken den Vögeln. Er sah das Nest rasch vollendet. Die kleinen Baumeister flatterten rund herum und besichtigten es. Sie holten ein paar kleine Moosflechten von der wirklichen Weide und klebten sie außen an, das sollte anstatt Tünche oder Farbe sein. Sie holten das feinste Wollgras, und das Weibchen nahm Flaum von seiner eignen Brust und bekleidete das Nest innen damit, das war die Einrichtung und Möblierung. Die Bauern, die die verderbliche Macht fürchteten, die die Gebete des Eremiten an Gottes Thron haben konnten, pflegten ihm Brot und Milch zu bringen, um seinen Groll zu besänftigen. Sie kamen auch jetzt und fanden ihn regungslos dastehen, das Vogelnest in der Hand.

„Seht, wie der fromme Mann die kleinen Tiere liebt", sagten sie und fürchteten sich nicht mehr vor ihm, sondern hoben den Milcheimer an seine Lippen und führten ihm das Brot zum Munde. Als er gegessen und getrunken hatte, verjagte er die Menschen mit bösen Worten, aber sie lächelten nur über seine Verwünschungen. Sein Körper war schon lange seines Willens Diener geworden. Durch Hunger und Schläge, durch tagelanges Knien und wochenlange Nachtwachen hatte er ihn Gehorsam gelehrt. Nun hielten stahlharte Muskeln seine Arme tage- und wochenlang emporgestreckt, und während das Bachstelzenweibchen auf den Eiern lag und das Nest nicht mehr verließ, suchte er nicht einmal nachts seine Höhle auf. Er lernte es, sitzend mit emporgestreckten Armen zu schlafen, unter den Freunden der Wüste gibt es so manche, die noch größere Dinge vollbracht haben.

Er gewöhnte sich an die zwei kleinen, unruhigen Vogelaugen, die über den Rand des Nestes zu ihm hinabblickten. Er achtete auf Hagel und Regen und schützte das Nest so gut er konnte. Eines Tages kann das Weibchen seinen Wachtposten verlassen. Beide Bachstelzchen sitzen auf dem Rand des Nestes, wippen mit den Schwänzchen und beratschlagen und sehen seelenvergnügt aus, obgleich das ganze Nest von einem ängstlichen Piepsen erfüllt scheint. Nach einem kleinen Weilchen ziehen sie auf die allerverwegenste Mückenjagd aus. Eine Mücke nach der andern wird gefangen und heimgebracht für das, was oben in seiner Hand piepst. Und als das Futter kommt, da piepsen sie am allerärgsten. Den frommen Mann stört das Piepsen in seinen Gebeten.

Und sachte, sachte sinkt sein Arm auf Gelenken herab, die beinahe die Gabe, sich zu rühren, verloren haben, und seine kleinen Glutaugen starren in das Nest herab. Niemals hatte er etwas so hilflos Hässliches und Armseliges gesehen: kleine, nackte Körperchen mit ein paar spärlichen Fläumchen, keine Augen, keine Flugkraft, eigentlich nur sechs große, aufgerissene Schnäbel. Es kam ihm selbst wunderlich vor, aber er mochte sie gerade so leiden, wie sie waren. Die Alten hatte er ja niemals von dem großen Untergang ausgenommen, aber wenn er von nun an Gott anflehte, die Welt durch Vernichtung zu erlösen, da machte er eine stillschweigende Ausnahme für diese sechs Schutzlosen. Wenn die Bäuerinnen ihm jetzt Essen brachten, dann dankte er ihnen nicht mit Verwünschungen. Da er für die Kleinen dort oben notwendig war, freute er sich, dass die Leute ihn nicht verhungern ließen. Bald guckten den ganzen Tag sechs runde Köpfchen über den Nestrand. Des alten Hatto Arm sank immer häufiger zu seinen Augen hernieder. Er sah die Federn aus der roten Haut sprießen, die Augen sich öffnen, die Körperformen sich runden. Glückliche Erben der Schönheit, die die Natur den beflügelten Bewohnern der Luft geschenkt, entwickelten sie bald ihre Anmut. Und unterdessen kamen die Gebete um die große Vernichtung immer zögernder über Hattos Lippen. Er glaubte Gottes Zusicherung zu haben, dass sie hereinbrechen würde, wenn die kleinen Vögelchen flügge waren. Nun stand er da und suchte gleichsam nach einer Ausflucht vor Gottvater. Denn diese sechs Kleinen, die er beschützt und behütet hatte, konnte er nicht opfern. Früher war es etwas andres gewesen, als er noch nichts hatte, was sein eigen war. Die Liebe zu den Kleinen und Schutzlosen, die jedes kleine Kind die großen, gefährlichen Menschen lehren muss, kam über ihn und machte ihn unschlüssig. Manchmal wollte er das ganze Nest in den Fluss schleudern, denn er meinte, dass die beneidenswert sind, die ohne Sorgen und Sünden sterben dürfen. Musste er die Kleinen nicht vor Raubtieren und Kälte, vor Hunger und den mannigfaltigen Heimsuchungen des Lebens bewahren? Aber gerade als er noch so dachte, kam der Sperber auf das Nest herabgesaust, um die Jungen zu töten. Da ergriff Hatto den Kühnen mit seiner linken Hand, schwang ihn im Kreise über seinem Kopf und schleuderte ihn mit der Kraft des Zornes in den Fluss.

Und der Tag kam, an dem die Kleinen flügge waren. Eines der Bachstelzchen mühte sich drinnen im Nest, die Jungen auf den Rand hinauszuschieben, während das andre herumflog und ihnen zeigte, wie leicht es war, wenn sie es nur zu versuchen wagten. Und als die Jungen sich hartnäckig fürchteten, da flogen die beiden Alten fort und zeigten ihnen ihre allerschönste Fliegekunst. Mit den Flügeln schlagend beschrieben sie verschiedene Windungen, oder sie stiegen auch gerade in die Höhe wie Lerchen oder hielten sich mit

heftig zitternden Schwingen still in der Luft. Aber als die Jungen noch immer eigensinnig bleiben, kann Hatto es nicht lassen, sich in die Sache einzumischen. Er gibt ihnen einen behutsamen Puff mit dem Finger, und damit ist alles entschieden. Heraus fliegen sie, zitternd und unsicher, die Luft peitschend wie Fledermäuse, sie sinken, aber erheben sich wieder, begreifen, worin die Kunst besteht, und verwenden sie dazu, so rasch als möglich das Nest wieder zu erreichen. Die Alten kommen stolz und jubelnd zu ihnen zurück, und der alte Hatto schmunzelt. Er hatte doch in der Sache den Ausschlag gegeben. Er grübelte nun in vollem Ernst nach, ob es für unsern Herrgott nicht auch einen Ausweg geben konnte. Vielleicht, wenn man es so recht bedachte, hielt Gottvater diese Erde wie ein großes Vogelnest in seiner Rechten, und vielleicht hatte er Liebe zu denen gefasst, die dort wohnen und hausen, zu allen schutzlosen Kindern der Erde. Vielleicht erbarmte er sich ihrer, die er zu vernichten gelobt hatte, so wie sich der Eremit der kleinen Vögel erbarmte. Freilich waren die Vögel des Eremiten um vieles besser als unsers Herrgotts Menschen, aber er konnte doch begreifen, dass Gottvater dennoch ein Herz für sie hatte.

Am nächsten Tage stand das Vogelnest leer, und die Bitterkeit der Einsamkeit bemächtigte sich des Eremiten. Langsam sank sein Arm an seiner Seite herab, und es deuchte ihn, dass die ganze Natur den Atem anhielt, um dem Dröhnen der Posaune des Jüngsten Gerichts zu lauschen. Doch in demselben Augenblick kamen alle Bachstelzen zurück und setzten sich ihm auf Haupt und Schultern, denn sie hatten gar keine Angst vor ihm. Da zuckte ein Lichtstrahl durch das verwirrte Hirn des alten Hatto. Er hatte ja den Arm gesenkt, ihn jeden Tag gesenkt, um die Vögel anzusehen. Und wie er dastand, von allen sechs Jungen umflattert und umgaukelt, nickte er jemandem, den er nicht sah, vergnügt zu. „Du bist frei", sagte er, „du bist frei. Ich hielt mein Wort nicht, und so brauchst du auch deines nicht zu halten." Und es war ihm, als hörten die Berge zu zittern auf und als legte sich der Fluss gemächlich in seinem Bett zur Ruhe.

Selma Lagerlöf

Wie das Rotkehlchen zu seiner roten Farbe kam

Miriam schreckte aus ihren Gedanken auf – da war es wieder! Dieses unverwechselbare Zwitschern oder Trällern oder Pfeifen, das sich mit bloßen Worten schwer beschreiben ließ. Sie entspannte sich wieder, schloss die Augen und genoss den hoch tönenden Vogelgesang. Als sie die Augen wieder öffnete und ihren Blick über die mit den ersten zarten Schneeflocken des Winters überzuckerten Zweige der alten Fichte schweifen ließ, sah sie den fröhlichen Wintersänger auch. Direkt über dem Grabstein, vor mehr als zwanzig Jahren aufgestellt, hatte sich das Rotkehlchen niedergelassen. Es legte den Kopf leicht schräg, sodass sie das Gefühl bekam, es würde sie beobachten. Dann setzte es seinen Gesang fort und Miriam kam es vor, als wolle der Piepmatz sie mit seinem spitzen, kleinen Schnabel darauf stoßen, was für ein Tag heute war! Ganz genau einhundert Jahre alt wäre ihr Opa heute geworden, der Gedanke ließ sie lächeln, während das Rotkehlchen weiter fröhlich sein Ständchen schmetterte. Obwohl er schon viele Jahre tot war, lebte er in Miriams Erinnerungen fort. Sie sah ihn vor ihrem geistigen Auge noch genau vor sich: sein graues Haar, das stets glatt rasierte Gesicht und die Stirnfalten, die ihn immer so nachdenklich hatten wirken lassen. Sie konnte sich nicht daran erinnern, dass Opa Helmut sich optisch irgendwann einmal verändert hatte. Schwerhörig war er gewesen, zumindest wenn es darum ging, Unterhaltungen zu folgen. Naturgeräusche hatte er bis zum Schluss ziemlich gut wahrgenommen, insbesondere das Trillern, Schnickern, Pfeifen, Piepen und Tricksen, das die heimischen Vögel so von sich gaben. Damals, als Kind, konnte Miriam die Vogelstimmen auch alle auseinanderhalten. Das konnte sie heute nicht mehr so gut, aber den Gesang des Rotkehlchens erkannte sie noch immer. Schon, weil der Vogel einer der wenigen Wintersänger war, wie Opa sie gelehrt hatte.

„Du kannst sie das ganze Jahr über hören!" Auch seine Stimme hallte in ihrem Kopf wider. Sie hatte sich früh für die Natur interessiert, weil Opa sie gern auf seine Wanderungen mitgenommen hatte. Wald und Wiesen, das war sein Ding, und als Förster war er praktisch immer draußen unterwegs.

„Andere fahren in den Urlaub, ich darf jeden Tag hier draußen rummarschieren. Feine Sache, was?", hatte er immer verschmitzt gefragt. Überhaupt, dieses verschmitzte Grinsen! Miriam musste automatisch lächeln, wenn sie daran dachte! Und dieser Gesichtsausdruck war ebenso in Miriams Gedanken mit Opa verknüpft, wie das Rotkehlchen, das sich nun durch sein Trällern in Erinnerung brachte. Miriam schaute auf, sie konnte gar nicht anders. Da saß das Rotkehlchen nun, ganz allein im Schnee, und tönte fröhlich vor sich hin. Ohne dass Miriam es wollte, musste sie an die Geschichte denken, die Opa ihr über das Rotkehlchen erzählt hatte.

„Weißt du eigentlich, warum das Rotkehlchen Rotkehlchen heißt?", hatte er sie eines Tages gefragt, als sie im

Wald unterwegs von einem zwitschernden Vogel unterhalten worden waren.

„Weil es so ein rotes Gefieder im Gesicht und am Hals hat!", wusste Miriam damals schon die richtige Antwort.

„Genau!", hatte Opa gelobt. „Und weißt du auch, wie das Rotkehlchen zu seiner roten Farbe kam?"

Da musste Miriam passen, doch das machte nichts. „Na dann pass mal auf, mein Schatz!", hatte Opa gesagt und in den Himmel geschaut. „Manchmal, wenn die Engel im Himmel ein bisschen Zeit haben, dann legen sie sich auf eine Wolke und lauschen den schönen Gesängen der Vögel auf der Erde! Besonders die Rotkehlchen haben es den kleinen Engeln angetan, weil sie zu jeder Jahreszeit singen und ihr Gesang so einzigartig ist, dass man ihn sogar oben in den Wolken hört. Eines Tages jedoch wollte ein ganz vorwitziges Engelchen nachsehen, wie der wunderbare Sänger denn eigentlich aussieht, und weißt du was? Es hat ihn nicht gefunden! Hier im Wald gibt es so viele Vögel, für das Engelchen sahen die alle gleich aus, besonders von so weit oben! Doch das Rotkehlchen hat natürlich mitbekommen, dass das Engelchen vor Neugier extra in den Wald gekommen war, und zeigte sich nun seinerseits vorwitzig. Es schnappte sich eine Himbeere, flog damit unbemerkt auf einen Birkenzweig und ließ sie dann ganz zufällig direkt auf den Kopf des Engelchens herabplumpsen. Das Engelchen war erst überrascht, spielte dann aber mit. Es angelte sich eine Walderdbeere und bewarf den frechen Vogel damit. Weitere Engelchen kamen herbeigeflogen und beteiligten sich an der Beerenschlacht und auch weitere Vögel kamen angeflattert. Sie hatten alle viel Spaß dabei. Die Engelchen merkten erst, als ein Rotkehlchen die Stimme erhob, dass sie die außergewöhnlichen Sänger gefunden hatten. Sie berieten sich kurz und entschieden dann, dass die Rotkehlchen die rote Farbe im Gesicht und am Bauch, die durch die Schlacht mit den roten Früchten entstanden war, behalten sollten, damit sie sie besser von den anderen Vögeln unterscheiden konnten. Den Rotkehlchen war es nur recht. Sie freuten sich darüber, etwas Besonderes zu sein. Und seitdem haben die Rotkehlchen ihre unverwechselbare rote Zeichnung im Gefieder, damit die kleinen Engel sie von oben besser sehen können!"

Das Gezwitscher des Rotkehlchens holte Miriam aus der Erinnerung zurück. Fast immer, wenn sie ein Rotkehlchen sah, musste sie an diese reizende Geschichte von kleinen Engelchen und aufmüpfigen Rotkehlchen denken. Sie erinnerte sich noch, dass sie unzählige Bilder gemalt hatte, auf denen mehr oder weniger gut erkennbare Engelsfiguren mit überdimensionalen Erdbeeren auf irgendwie zu klein geratene Rotkehlchen warfen. Miriam zog den Schal ein bisschen enger um ihren Hals. Es war ganz schön frisch geworden, Zeit, nach Hause zu fahren. Sie ordnete unter dem aufmerksamen Blick des munter weiterträllernden Rotkehlchens die weißen Rosen, die sie mitgebracht hatte, und warf noch einen letzten Blick auf den Grabstein. Auch wenn sie Wehmut verspürte und mit Opa ein wichtiger Teil ihrer Kindheit gestorben war, so fühlte sie doch eine große Dankbarkeit. Neunundsiebzig erfüllte Lebensjahre waren ihm vergönnt gewesen, dafür durfte man dankbar sein. Er hatte ihr beigebracht, die Schöpfung zu lieben und wirklich jeden Menschen zu respektieren, kleine wie große, alte wie junge und gesunde wie kranke. Sie war Erzieherin geworden und arbeitete inzwischen in einem Kindergarten.

Kaum zu Hause, kam Ella ihr schon entgegengelaufen.

„Mama, Mama!", rief sie atemlos und ließ nicht zu, dass Miriam die Haustür ansteuerte. „Komm, schnell in den Garten!"

„Was ist denn da?", fragte Miriam lachend und zog ihre Tochter in den Arm. Die Fünfjährige war ihrem Vater sehr ähnlich, nur die grün-blauen Augen hatte sie von ihr. „Komm, Mama!", ließ Ella nicht locker. „Schnell! Ich muss dir was zeigen! Nicht, dass es wieder weg ist!"

Miriam ließ sich von Ella in den Garten ziehen. „Guck mal, dort, Mama! In unser Vogelhäuschen ist ein Vogel eingezogen!"

Miriam verkniff sich ein Schmunzeln und schaute zu, wie Ella aufgeregt hin und her hopste. Am Samstag hatte Ella mit ihrem Papa den halben Nachmittag das Vogelhäuschen zusammengezimmert. Sie hatten sich so viel Mühe damit gegeben und als es endlich fertig und auf dem Baum befestigt war, blieb es leer. Ella hatte den restlichen Nachmittag und den ganzen Sonntag in der Nähe des Baums oder hinter der Fensterscheibe verbracht, um ja nicht den Moment zu verpassen, in dem ein Vogel seinen kleinen Fuß in ihr Vogelhäuschen setzte. Doch es passierte gar nichts, geschlagene vier Tage lang. Ella war sehr enttäuscht und dachte schon, dass ihr Vogelhäuschen den Vögeln nicht gefiel.

„Der Vogel beguckt sich das Haus jetzt von innen!", flüsterte Ella. Es dauerte ein paar Minuten, doch dann tat sich etwas. Erst war es nur ein kleiner, spitzer Schnabel, der aus dem Eingangsloch guckte – dann kam eine

Vogelkralle zum Vorschein und wenig später der ganze, kleine Vogel.

„Ach, ein Rotkehlchen!", entfuhr es Miriam überrascht.

„Ja, das habe ich gleich erkannt!", sagte Ella stolz. „Du hast den Einzug verpasst, es ist aber nur kurz vor dir angekommen!", erklärte Ella weiter und schlang ihre kleinen Ärmchen um Miriam, die nur zu gern glauben wollte, dass das Rotkehlchen vom Friedhof ihr vielleicht vorausgeflogen und nun in Ellas Vogelhäuschen eingezogen war.

„Weißt du eigentlich, warum das Rotkehlchen Rotkehlchen heißt?", fragte Miriam gedankenverloren und strich Ella über den Kopf.

„Ja, weil es im Gesicht und am Bauch rotgefärbte Federn hat!", antwortete Ella. „Das hast du mir erklärt und ich habe es mir gemerkt!"

Miriam lächelte. „Und habe ich dir auch erzählt, wie das Rotkehlchen zu seiner roten Farbe kam?", fragte sie weiter. Nun stutzte Ella und sah Miriam neugierig an. „Nein, wie denn?"

„Dann pass mal auf, mein Spatz, das war so!", sagte Miriam und begann zu erzählen: „Manchmal, wenn die Engel im Himmel ein bisschen Zeit haben, dann legen sie sich auf eine Wolke und ruhen sich ein bisschen aus. So wie du, wenn du müde bist, aber noch nicht ins Bett gehen willst." Ella hing gebannt an Miriams Lippen, während das Rotkehlchen Miriams Geschichte mit seinem unverwechselbaren Gesang untermalte. Und Miriam wunderte sich kein bisschen darüber, dass sie ausgerechnet heute, an Opas Geburtstag, seine Engelsgeschichte ihrer Ella erzählte. Genauso hätte es ihm gefallen, ganz sicher.

Heike Wendler

Quellenverzeichnis

Texte:

S. 8–13: Vom Königreich der Sperlingsmenschen, aus: Noffke, Brunhilde (Hrsg.): Märchen für Winter und Weihnacht 1. Auflage. Krummwisch bei Kiel 2012. S. 8-12; ISBN: 978-3-86826-040-3. Mit freundlicher Genehmigung des Königsfurt-Urania Verlags, Krummwisch © 2012 koenigsfurt-urania.com.

S. 14: Vögel im Winter © Irmgard Adomeit 2014.

S. 36–38: Der Weihnachtsrabe, aus: Bernard Lins: Als es doch noch Weihnachten wurde © 1993 Tyrolia-Verlag, Innsbruck.

S. 62: Die Vögel warten im Winter vor dem Fenster, aus: Bertolt Brecht, Werke. Große kommentierte Berliner und Frankfurter Ausgabe, Band 12: Gedichte 2. © Bertolt-Brecht-Erben / Suhrkamp Verlag 1988.

S. 67/68: Wie der kranke Vogel geheilt wurde, aus: Karl Heinrich Waggerl, Und es begab sich … © 1953 Otto Müller Verlag, Salzburg.

S. 74–84: Die Weihnachtsgans Auguste, aus: Friedrich Wolf: Gesammelte Werke in 16 Bänden (Hrsg. v. Else Wolf, Walther Pollatschek), 1960–1968, Band 14: Märchen, Tiergeschichten und Fabeln © Aufbau Verlag GmbH & Co. KG, Berlin 1961; Aufbau ist eine Marke der Aufbau Verlag GmbH & Co. KG.

S. 86–89: : Die Geschichte vom Weihnachtsbraten, © Margret Rettich Erben

S. 122–127: Heike Wendler: Wie das Rotkehlchen zu seiner roten Farbe kam © Alle Rechte bei der Autorin.

Bildnachweis:

Covermotiv: © annamei/Fotolia (Vorderseite), © cmwatercolours/Fotolia (Rückseite); S.2: © izumikobayashi/Fotolia; S. 6/7: © Nadezda Kostina/Fotolia; S. 11: © cmwatercolors/Fotolia; S. 19: © Kajenna/Fotolia; S. 22: © fotomaster/Fotolia; S. 23: © cmwatercolors/Fotolia; S. 24/25: © Nadezda Kostina/Fotolia; S. 29: © Елена Фаенкова/Fotolia; S. 33: © Nadezda Kostina/Fotolia; S.37: © Julia Tochilina/Fotolia; S. 41: © derbisheva/Fotolia; S. 42: © Yuliia/Fotolia; S. 47: © Nadezda Kostina/Fotolia; S. 49: © cmwatercolors/Fotolia; S. 53: © Nadezda Kostina/Fotolia; S. 56: vavavka/Fotolia; S. 66: © Nadezda Kostina/Fotolia; S. 68: © juliafast1977; S. 70/71: Nadiia Starovoitova; S. 73: © cmwatercolors/Fotolia; S. 76: © Viktoriya Manuilova/Fotolia; S. 81: © val_iva/Fotolia; S. 83: © Mimomy/Fotolia; S. 85: © cmwatercolors/Fotolia; S. 89: Yulia/Fotolia; S. 100: © jula_lily/Fotolia; S. 103/104/105: © Tanya Syrytsyna/Fotolia; S. 108: © olesyaturchuk/Fotolia; S. 109: © derbisheva/Fotolia; S. 113: © cat_arch_angel/Fotolia; S. 115: © Tanya Syrytsyna/Fotolia; S. 119: © Veronika/Fotolia; S. 121: © Yuliia/Fotolia

Wir danken allen Inhabern von Textrechten für die Abdruckerlaubnis. Der Verlag hat sich darum bemüht, alle Rechtinhaber in Erfahrung zu bringen. Für zusätzliche Hinweise sind wir dankbar.

Bibliografische Information der Deutschen Nationalbibliothek
Die Deutsche Nationalbibliothek verzeichnet diese
Publikation in der Deutschen Nationalbibliografie;
detaillierte bibliografische Daten sind im Internet unter
http://dnb.d-nb.de abrufbar.

Besuchen Sie uns im Internet:
www.st–benno.de

Gern informieren wir Sie unverbindlich und aktuell
auch in unserem Newsletter zum Verlagsprogramm,
zu Neuerscheinungen und Aktionen.
Einfach anmelden unter www.st-benno.de

ISBN 978-3-7462-5265-0

© St. Benno Verlag GmbH, Leipzig
Zusammenstellung: Volker Bauch, Leipzig
Umschlaggestaltung: Rungwerth Design, Düsseldorf
Gesamtherstellung: Kontext, Lemsel (A)